黑龙江
松花江
●哈尔滨

内蒙古自治区

长春●
吉林

沈阳●

辽宁

朝鲜

韩国

日本

呼和浩特●

北京市

恒山▲

渤海

天津市

河北

银川●

太原●
山西

石家庄●

济南●▲泰山

山东

黄海

陕西

嵩山▲
西安●▲华山

郑州●

河南

江苏

合肥●●南京

太湖

上海市

湖北

武汉●

安徽

黄山▲

杭州●

庐山▲

鄱阳湖

浙江

东海

重庆市

洞庭湖

长沙●江西

南昌●

湖南

衡山▲

贵州

福建

福州●

贵阳●

台北●

南海回归線

台湾

广西壮族自治区

广东

南宁●

广州●

澳门●●香港

越南

海口●

南海

海南

0   400   800km

110°   115°   120°   125°

50°

40°

135°

35°

30°

130°

25°

20°

新HSKにチャレンジ！
一年生の中国語

南 勇

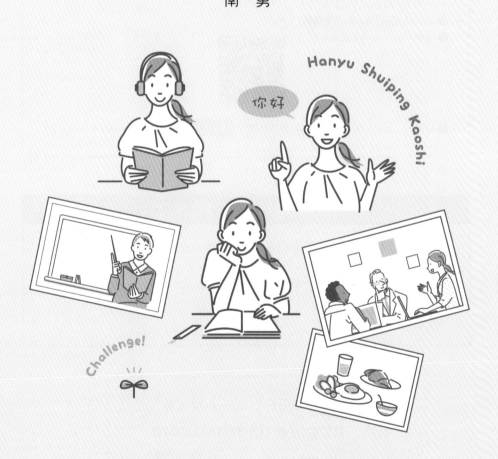

你好

Hanyu Shuiping Kaoshi

Challenge!

朝日出版社

音声ダウンロード

 音声再生アプリ「リスニング・トレーナー」(無料)

朝日出版社開発のアプリ、「リスニング・トレーナー (リストレ)」を使えば、教科書の音声をスマホ、タブレットに簡単にダウンロードできます。どうぞご活用ください。

まずは「リストレ」アプリをダウンロード

▶ App Store はこちら　　　▶ Google Play はこちら

アプリ【リスニング・トレーナー】の使い方

❶ アプリを開き、「**コンテンツを追加**」をタップ

❷ QRコードをカメラで読み込む

❸ QRコードが読み取れない場合は、画面上部に 45370 を入力し「Done」をタップします

QRコードは㈱デンソーウェーブの登録商標です

Webストリーミング音声

http://text.asahipress.com/free/ch/245370

🖥 **WEBサポートサイト**
http://e-tiaozhan.com

| tiaozhan | 検索 |

WEBサイトに関するお問い合わせ
info@e-tiaozhan.com

はじめに

　このテキストを執筆するにあたって、まず自問しました。授業初回のガイダンスで学習者の興味をどのようにして引き出したらいいのか、またモチベーションをどのようにして最後まで持続させたらいいのか、と。

　学習者のみなさんには、ぜひ3年後の自分を想像してほしいと思います。3年生になって、エントリーシートの資格欄に堂々と「HSK 1・2級合格」と記入して就活に臨む自分を。

　このテキストはまさにこの目標を実現させるために作成されました。各課の会話文と文法ポイントは、HSK 1・2級試験大綱に定められた単語と文法項目で構成されています。またドリルも HSK 1・2級とほぼ同じ出題形式になっています。ドリルを通じて HSK の出題形式、出題傾向、解答テクニックに習熟して、HSK に挑む自信と実力を身につけてほしいと思います。

　具体的には、次の点に力を入れました。

1. テキストは週1回、1回1課のペースで進むことを想定し、発音編と文法編20課で構成しました。各課は90分の授業で無理なく終わらせることのできる分量となっているため、毎回の授業で十分な「達成感」を味わうことができます。

2. ドリルは HSK 1級・2級に共通する出題形式を厳選したため、1級・2級のどちらの受験者にも対応するものとなっています。また、初心者の学習にあわせてさまざまな工夫をしました。例えば、HSK の出題問題は基本的に「選択」形式ですが、「書く」機会を増すため、リスニングの正誤判断問題を「書き取り」に変更しました。

3. 本テキストには付録として WEB 版サイトがあり、さまざまな練習問題と模擬試験問題が用意されています。4課ごとにある模擬試験問題は HSK と同じ出題形式で出題されています。ぜひご活用ください。

　最後に、本テキストの出版にあたり、黄麗華先生と黄漢青先生から多くの貴重なアドバイスをいただきました。心から感謝を申し上げます。

著者

目　次

Contents

中国語の基本知識

中国語：　中国には 56 の民族が居住しているが、その中の漢族の言葉 "汉语"（漢語）を共通語とする。

標準語：　中国語は「北京語」ではなく、"普通话"（普通話）を標準語とする。

漢　字：　中国語は繁体字を簡略化した "简体字"（簡体字）を使う。（龍→龙　読→读）

発音表記：中国語の発音は中国式ローマ字である "拼音 pīnyīn"（ピンイン）で表記する。

声　調：　中国語は、音節に上げ下げの声調がある。4 種類あるため "四声" ともいう。

一　声調（四声）　◀》1

第1声　mā　高く平らにのばす。

第2声　má　低いところから一気に上昇する。

第3声　mǎ　低くおさえてから上昇する。

第4声　mà　高いところから一気に下降する。

声調記号と発音図示

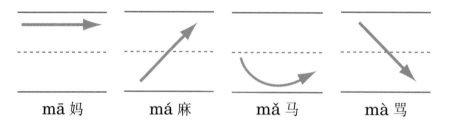

mā 妈　　　má 麻　　　mǎ 马　　　mà 骂

練習 1

1. 発音された方に○をつけなさい。　◀》2

　(1) mā　mà　　　(2) mǎ　má　　　(3) mǎ　mā

2. 発音を聞いて、a の上に声調記号をつけなさい。　◀》3

　(1) ma　　　　(2) ma　　　　(3) ma

二 単母音 🔊 4

a	日本語の「ア」より口を大きく開いて発音する。
o	日本語の「オ」より口を丸く突き出して発音する。
e	口をやや左右に開き、のどの奥から「ウ」を発音する。
i (yi)	日本語の「イ」より口を横にひいて発音する。
u (wu)	日本語の「ウ」より口を丸く突き出し、口の奥から発音する。
ü (yu)	唇をすぼめて、横笛を吹く時の構えで「イ」と発音する。
er	e を発音しながら舌をそりあげる。

＊（　　　）は前に子音がつかないときのつづり方。

練習 2

1. 発音された方に○をつけなさい。 🔊 5

　⑴ yū　　yī　　　　⑵ ò　　è　　　　⑶ wǔ　　yǔ

2. 発音を聞いて、ピンインに声調をつけなさい。 🔊 6

　⑴ wu　　　　　　⑵ e　　　　　　⑶ o

　⑷ yi　　　　　　⑸ yu　　　　　　⑹ er

3. 発音を聞いて、ピンインを書き取り、声調もつけなさい。 🔊 7

　⑴ ....　　⑵ ....　　⑶ ....

　⑷ ....　　⑸ ....　　⑹ ....

＊声調記号のつけ方は10頁参照。

発 音 2

一 子音 (1) 🔊 8

	無気音	有気音		
唇音	b(o)	p(o)	m(o)	f(o)
舌尖音	d(e)	t(e)	n(e)	l(e)
舌根音	g(e)	k(e)	h(e)	

＊(　　)は後ろに母音がつかないときのつづり方。

＊無気音：強い息を出さずに発音する。
　有気音：強い息を伴って発音する。

練習 3

1. 発音された方に○をつけなさい。 🔊 9

　⑴ pá　bá　　⑵ tà　dà　　⑶ tǔ　hǔ

2. 発音を聞いて、子音を書き取りなさい。 🔊 10

　⑴ ....ù　　⑵ ....í　　⑶ ....ǔ

3. 発音を聞いて、母音と声調記号を書き取りなさい。 🔊 11

　⑴ p.............　　⑵ f.............　　⑶ h.............

4. 発音を聞いて、ピンインで書き取り、声調もつけなさい。 🔊 12

　⑴ ....　　⑵ ....　　⑶ ....

二 子音 (2) 🔊 13

	無気音	有気音		
舌面音	j(i)	q(i)	x(i)	
そり舌音	zh(i)	ch(i)	sh(i)	r(i)
舌歯音	z(i)	c(i)	s(i)	

＊ j q x の直後に ü が続く場合、ü は u と表記する。

　　jú 菊　　　qù 去　　　xū 虚

＊そり舌音

　　zh：無気音。舌をそりあげ、硬口蓋にあてて発音する。

　　ch：有気音。舌をそりあげ、硬口蓋にあてて発音する。

　　sh：舌をそりあげ、硬口蓋とのすき間から息を摩擦させて発音する。

　　r ：舌をそりあげ、舌を硬口蓋にあてず声帯を振動させて発音する。

練習 4

1. 発音された方に○をつけなさい。　🔊 14

　　(1) jǐ　　zhǐ　　　　(2) lù　　rù　　　　(3) shí　　sí

2. 発音を聞いて、子音を書き取りなさい。　🔊 15

　　(1) ....ì　　　　(2) ....ē　　　　(3) ....ù

3. 発音を聞いて、母音と声調記号を書き取りなさい。　🔊 16

　　(1) r............　　　　(2) ch............　　　　(3) x............

4. 発音を聞いて、ピンインで書き取り、声調もつけなさい。　🔊 17

　　(1) ....　　(2) ....　　(3) ....

発 音 3

一　複母音　🔊 18

❶ ＞型　前を強く発音する。

ai	ei	ao	ou

❷ ＜型　前を弱く発音する。

ia	ie	ua	uo	üe
(ya)	(ye)	(wa)	(wo)	(yue)

❸ ＜＞型　真ん中を強く発音する。

iao	iou	uai	uei
(yao)	(you)	(wai)	(wei)

※（　　　）は前に子音がつかないときのつづり方。

＊ iou, uei の前に子音がつく場合、iou → iu, uei → ui のように真ん中の o と e が消える。

　　xiū 休　　　　shuǐ 水

二　声調記号のつけ方　🔊 19

❶ a があれば a につける。

　　hǎi 海

❷ a がなければ o か e につける。

　　guó 国　　　léi 雷

❸ i と u が並ぶ場合は後ろの方につける。

　　qiú 球　　　zuì 最

❹ i につける場合、上の点をとってつける。

　　yī 衣

練習 5

1. 発音された方に○をつけなさい。 🔊 20

(1) āi　wāi　　(2) yá　yé　　(3) ǎo　ǒu

(4) yè　yuè　　(5) yǒu　yǎo　　(6) yuè　wèi

2. 発音を聞いて、複母音と声調記号を書き取りなさい。 🔊 21

(1) m............　　(2) x............　　(3) l............

(4) j............　　(5) zh............　　(6) d............

3. 発音を聞いて、子音を書き取りなさい。 🔊 22

(1) ....āo　　(2) ....ǎi　　(3) ....èi

(4) ....iè　　(5) ....iǔ　　(6) ....uá

4. 発音を聞いて、ピンインで書き取り、声調もつけなさい。 🔊 23

(1) ....　　(2) ....　　(3) ....

(4) ....　　(5) ....　　(6) ....

一 鼻母音（–n -ng を伴う母音） 🔊 24

| an — ang | en — eng |

an —— ang　　　　en —— eng

in —— ing　　　　ian —— iang
(yin)　(ying)　　　(yan)　(yang)

uan —— uang　　　uen —— ueng
(wan)　(wang)　　 (wen)　(weng)

üan　　ün　　　　ong　　iong
(yuan)　(yun)　　　　　　(yong)

※（　　）は前に子音がつかないときのつづり方。

二 –n と –ng の違い 🔊 25

-n　舌の先を上の歯茎につけて、短く発音する。
-ng　舌を後ろに引き、どこにもつけない状態で発音する。

「－ン」で終わる日本語漢字音なら、中国語ではほぼ -n。

　jiàn　健
　yìn　印

「－ウ」、「－イ」で終わる日本語漢字音なら、中国語ではほぼ -ng。

　kāng　康
　yīng　英

＊ uen の前に子音がつく場合、uen → -un のように真ん中の e が消える。

　cūn　村
　hùn　混

練習 6

1. 発音された方に○をつけなさい。 🔊 26

(1) àn　àng　　(2) wán　wáng　　(3) yuán　yán

(4) yùn　yòng　　(5) wén　wéng　　(6) yǐn　yǐng

2. 発音を聞いて、鼻母音と声調記号を書き取りなさい。 🔊 27

(1) Zh＿＿＿＿guó　　(2) Rìb＿＿＿＿　　(3) H＿＿＿＿guó
　　中国　　　　　　　　日本　　　　　　　韩国 (韓国)

(4) Dōngj＿＿＿＿　　(5) Sh＿＿＿＿hǎi　　(6) Xī'＿＿＿＿
　　东京 (東京)　　　　上海　　　　　　　西安

3. 発音を聞いて、ピンインで書き取り、声調もつけなさい。 🔊 28

(1) 暗 ＿＿＿＿＿　　(2) 君 ＿＿＿＿＿　　(3) 新 ＿＿＿＿＿

(4) 王 ＿＿＿＿＿　　(5) 愿 ＿＿＿＿＿　　(6) 生 ＿＿＿＿＿

(7) 森 ＿＿＿＿＿　　(8) 先 ＿＿＿＿＿　　(9) 共 ＿＿＿＿＿

発音 5

一 声調の変化 🔊 29

① 第3声の声調変化

第3声＋第3声の場合、前の第3声は第2声に変調するが、声調記号は3声のまま。

表記	発音	
shǒubiǎo	shóubiǎo	手表（腕時計）
shuǐguǒ	shuíguǒ	水果（果物）

② "不 bù" の声調変化

"不 bù" の後ろに第4声が続く場合、第2声に変調する。声調記号も変わる。
後が第1声、第2声、第3声の場合は変調しない。

bù kàn ⇒ bú kàn 不看（見ない）

③ "一 yī" の声調変化

"一 yī" の後に第1声、第2声、第3声が続く場合、第4声に変調する。声調記号も変わる。

yī＋第1声	yì tiān	一天（1日）
yī＋第2声	yì nián	一年（1年）
yī＋第3声	yìbǎi	一百（百）

後に第4声が続く場合、第2声となる。

yī＋第4声　yídìng　一定（必ず）

ただし、数字のつぶ読みや序数の場合は第1声のまま。

yī jiǔ bā wǔ nián	一九八五年（1985年）
dì yī kè	第一课（第1課）
yīyuè	一月（1月）

二 r化 🔊 30

音節の末尾で舌をそり上げて発音する。つづりは末尾にrをつけ、漢字は"儿（児）"をつける。

花 huā ⇒ 花儿 huār（花）

rの前にあるn、iは発音しない。

表記	発音	
yìdiǎnr	yìdiǎr	一点儿 (ちょっと)
xiǎoháir	xiǎohár	小孩儿 (子供)

三 軽声 🔊 31

前の音節に続けて、軽く短く発音する。

yéye	爷爷 (祖父)	nǎinai	奶奶 (祖母)
bàba	爸爸 (父)	māma	妈妈 (母)
gēge	哥哥 (兄)	jiějie	姐姐 (姉)
dìdi	弟弟 (弟)	mèimei	妹妹 (妹)

四 あいさつ言葉 🔊 32

同学们好。	Tóngxuémen hǎo.	みなさん、こんにちは。
老师好。	Lǎoshī hǎo.	先生、こんにちは。
上课。	Shàngkè.	授業を始めます。
下课。	Xiàkè.	授業を終わります。
谢谢。	Xièxie.	ありがとうございます。
不客气。	Bú kèqi.	どういたしまして。
对不起。	Duìbuqǐ.	すみません。
没关系。	Méi guānxi.	大丈夫です。
再见。	Zàijiàn.	さようなら。

練習 7

発音を聞いて、次の数字にピンインと声調をつけなさい。 🔊 33

零 .... 一 .... 二 .... 三 .... 四 .... 五 ....
(ゼロ)

六 .... 七 .... 八 .... 九 .... 十 ....

🔊
34
●中国人大学生の田雨くんと日本人留学生の小林晴海さんはキャンパスで知り合った。

田雨: 你 好！ 我 叫 田 雨。
Tián Yǔ: Nǐ hǎo! Wǒ jiào Tián Yǔ.

小林: 你 好！ 我 是 小林。
Xiǎolín: Nǐ hǎo! Wǒ shì Xiǎolín.

田雨: 你 姓 林 吗？
Nǐ xìng Lín ma?

小林: 不， 我 姓 小林， 叫 小林 晴海。
Bù, wǒ xìng Xiǎolín, jiào Xiǎolín Qínghǎi.

田雨: 你 是 留学生 吗？
Nǐ shì liúxuéshēng ma?

小林: 是， 我 是 日本 留学生。
Shì, wǒ shì Rìběn liúxuéshēng.

🔊
35
単語

1	你好	nǐ hǎo		こんにちは	12	小林晴海	Xiǎolín Qínghǎi	名	小林晴海 (氏名)
2	我	wǒ	代	私	13	留学生	liúxuéshēng	名	留学生
3	叫	jiào	動	(名前は)～という	14	日本	Rìběn	名	日本
4	田雨	Tián Yǔ	名	田雨 (氏名)	15	学生	xuésheng	名	学生
5	是	shì	動	～である	16	他	tā	代	彼
6	小林	Xiǎolín	名	小林 (姓)	17	老师	lǎoshī	名	先生
7	你	nǐ	代	あなた	18	你们	nǐmen	代	あなたたち
8	姓	xìng	動	(姓は)～という	19	中国人	Zhōngguórén	名	中国人
9	林	Lín	名	林 (姓)	20	日本人	Rìběnrén	名	日本人
10	吗	ma	助	～か	21	田	Tián	名	田 (姓)
11	不	bù	副	～ではない。いいえ					

1 人称代名詞

🔊 36

	単数	複数
一人称	我 wǒ 私	我们 wǒmen 私たち
二人称	你 nǐ / 您 nín あなた	你们 nǐmen あなたたち
三人称	他 / 她 tā 彼 / 彼女	他们 / 她们 tāmen 彼ら / 彼女ら
疑問詞	谁 shéi / shuí だれ	

➤ "您"は"你"の敬称。

➤ "您"と"谁"は複数の言い方がない。

2 動詞"是" ｜A"是"B　AはBです

🔊 37

我是学生。　　　　　Wǒ shì xuésheng.

他不是老师。　　　　Tā bú shì lǎoshī.

你们是中国人吗？　　Nǐmen shì Zhōngguórén ma?

➤ 否定は、否定副詞"不"を"是"の前に置く。

➤ 文末に"吗"をつけると、「～ですか」という疑問文になる。

3 名前の言い方 ｜"姓"と"叫"

🔊 38

我姓田，叫田雨。　　Wǒ xìng Tián, jiào Tián Yǔ.

我叫小林晴海。　　　Wǒ jiào Xiǎolín Qínghǎi.

他不姓田。　　　　　Tā bú xìng Tián.

你叫小林晴海吗？　　Nǐ jiào Xiǎolín Qínghǎi ma?

➤ "姓"と"叫"は「～といいます」という動詞。姓だけをいうときは"姓"を使い、フルネームをいうときは"叫"を使う。

一　空欄の中に入る語をA～Dから選びなさい。

A 叫　　B 是　　C 姓　　D 不
jiào　　　shì　　　xìng　　　bù

❶ 他（　　　　）是中国人。
Tā (　　　) shì Zhōngguórén.

❷ 你好，我（　　　　）田。
Nǐ hǎo, wǒ (　　　) Tián.

❸ 她（　　　）老师吗？　　——不，她是学生。
Tā (　　　) lǎoshī ma?　　——Bù, tā shì xuésheng.

二　文の内容と一致する写真を A～D から選びなさい。

A　　　　　　　B　　　　　　　C　　　　　　　D

❶ 我是日本人。　　□
Wǒ shì Rìběnrén.

❷ 他们不是学生。　　□
Tāmen bú shì xuésheng.

❸ 你好。　　□
Nǐ hǎo.

三　組み合わせて会話として成立する文をA～Cから選びなさい。

❶ 你姓林吗？　　□
Nǐ xìng Lín ma?

A 不是，他们是日本人。
Bú shì, tāmen shì Rìběnrén.

❷ 他们是中国人吗？　　□
Tāmen shì Zhōngguórén ma?

B 我是学生，她不是。
Wǒ shì xuésheng, tā bú shì.

❸ 你们是学生吗？　　□
Nǐmen shì xuésheng ma?

C 不，我姓小林，叫小林晴海。
Bù, wǒ xìng Xiǎolín, jiào Xiǎolín Qínghǎi.

🔊 39

一 音声を聞き、写真と一致する語句を下に書き取りなさい。

A   B   C   D

〔　　　　　〕〔　　　　　〕〔　　　　　〕〔　　　　　〕

🔊 40

二 音声を聞き、内容と一致する写真を A〜D から選びなさい。

A   B   C   D

① _____ ☐

② _____ ☐

③ _____ ☐

🔊 41

三 音声を聞き、問いに対する適切な答えを A〜C から選びなさい。

①   A 姓小林   B 姓林   C 姓田   ☐
      xìng Xiǎolín   xìng Lín   xìng Tián

②   A 是学生   B 不是学生   C 是老师   ☐
      shì xuéseng   bú shì xuésheng   shì lǎoshī

③   A 是日本人   B 是中国人   C 不是中国人   ☐
      shì Rìběnrén   shì Zhōngguórén   bú shì Zhōngguórén

第 2 課

🔊 ●大学の近くのカフェで。
42

小林： **你 喝 什么?**
Nǐ hē shénme?

田雨： **我 喝 咖啡。你 喝 什么?**
Wǒ hē kāfēi. Nǐ hē shénme?

小林： **我 喝 茶。**
Wǒ hē chá.

田雨： **你 喝 什么 茶?**
Nǐ hē shénme chá?

小林： **我 喝 红茶。**
Wǒ hē hóngchá.

田雨： **我 也 喝 红茶 吧。**
Wǒ yě hē hóngchá ba.

🔊 単語
43

1	喝	hē	動 飲む		11	电视	diànshì	名 テレビ
2	什么	shénme	代 なに。なんの。なん		12	电影	diànyǐng	名 映画
3	咖啡	kāfēi	名 コーヒー		13	吃	chī	動 食べる
4	茶	chá	名 お茶		14	菜	cài	名 料理
5	红茶	hóngchá	名 紅茶		15	医生	yīshēng	名 医者
6	也	yě	副 ～も		16	苹果	píngguǒ	名 りんご
7	吧	ba	助 ～でしょう。～しましょう		17	做	zuò	動 する。作る
8	学习	xuéxí	動 勉強する		18	谁	shéi/shuí	代 だれ
9	汉语	Hànyǔ	名 中国語		19	写	xiě	動 書く
10	看	kàn	動 看る。観る。読む。見舞う		20	名字	míngzi	名 名前

1 **動詞述語文** │ 主語＋動詞＋目的語

44

我学习汉语。	Wǒ xuéxí Hànyǔ.
我不看电视。	Wǒ bú kàn diànshì.
你看电影吗？	Nǐ kàn diànyǐng ma?
我也吃中国菜。	Wǒ yě chī Zhōngguócài.

▶ 否定は"不"を動詞の前に置く。

▶ 文末に"吗"をつけると、疑問文になる。

▶ "也""不"など、副詞は動詞の前に置く。

2 **語気助詞"吧"**

45

她是医生吧？	Tā shì yīshēng ba?	推測。	～でしょう。
我们吃苹果吧。	Wǒmen chī píngguǒ ba.	提案・意志	～しましょう。
你做菜吧。	Nǐ zuò cài ba.	軽い命令。	～しなさい。～してください。

3 **疑問詞疑問文**

46

他是谁？	Tā shì shéi?
你写什么？	Nǐ xiě shénme?
她叫什么名字？	Tā jiào shénme míngzi?

▶ 疑問詞疑問文は文末に"吗"をつけない。

▶ 疑問の語気を強調したい場合は"呢 ne"をつける。

　　我们吃什么呢？　Wǒmen chī shénme ne?

一　空欄の中に入る語をA～Dから選びなさい。

> A 吧　　B 什么　　C 不　　D 谁
> 　ba　　　 shénme　　 bù　　　 shéi

❶ 我（　　　　）吃苹果。
Wǒ（　　　）chī píngguǒ.

❷ 他是（　　　　）?
Tā shì（　　　　）?

❸ 你吃（　　　　）菜?　　—我吃中国菜。
Nǐ chī（　　　）cài?　　—Wǒ chī Zhōngguócài.

二　文の内容と一致する写真を A～D から選びなさい。

A　　　　　B　　　　　C　　　　　D

❶ 他们看电视。
Tāmen kàn diànshì.

❷ 她做菜。
Tā zuò cài.

❸ 我们学习汉语。
Wǒmen xuéxí Hànyǔ.

三　組み合わせて会話として成立する文をA～Cから選びなさい。

❶ 你叫什么名字?
Nǐ jiào shénme míngzi?

A 我做，你学习吧。
　Wǒ zuò, nǐ xuéxí ba.

❷ 你们吃什么?
Nǐmen chī shénme?

B 我叫小林晴海。
　Wǒ jiào Xiǎolín Qínghǎi.

❸ 我做菜吧。
Wǒ zuò cài ba.

C 我们吃苹果。
　Wǒmen chī píngguǒ.

47

一 音声を聞き、写真と一致する語句を下に書き取りなさい。

A　　　　　　　B　　　　　　　C　　　　　　　D

〔　　　　　　〕〔　　　　　　〕〔　　　　　　〕〔　　　　　　〕

48

二 音声を聞き、内容と一致する写真を A〜D から選びなさい。

A　　　　　　　B　　　　　　　C　　　　　　　D

❶ _____

❷ _____

❸ _____

49

三 音声を聞き、問いに対する適切な答えを A〜C から選びなさい。

❶　A 看电视　　　B 做菜　　　C 学习汉语
　　 kàn diànshì　　zuò cài　　　xuéxí Hànyǔ

❷　A 田　　　　　B 田雨　　　C 学生
　　 Tián　　　　　Tián Yǔ　　　xuésheng

❸　A 红茶　　　　B 苹果　　　C 咖啡
　　 hóngchá　　　píngguǒ　　　kāfēi

🔊 ●学生ラウンジ。小林さんの前のテーブルにものが散乱している。
50

田雨: 这 是 你 的 电脑 吗?
Zhè shì nǐ de diànnǎo ma?

小林: 对, 是 我 的。
Duì, shì wǒ de.

田雨: 这个 手机 呢?
Zhège shǒujī ne?

小林: 也 是 我 的。
Yě shì wǒ de.

田雨: 这些 东西 都 是 你 的 吗?
Zhèxiē dōngxi dōu shì nǐ de ma?

小林: 不, 那个 杯子 是 我 朋友 的。
Bù, nàge bēizi shì wǒ péngyou de.

🔊 単語
51

1	这	zhè	代 これ	11	那个	nàge	代 あれ。あの
2	的	de	助 ～の	12	杯子	bēizi	名 グラス。コップ
3	电脑	diànnǎo	名 パソコン	13	朋友	péngyou	名 友達
4	对	duì	形 そのとおりだ。正しい	14	～和	hé	接 ～と
5	这个	zhège	代 これ。この	15	同学	tóngxué	名 クラスメート
6	手机	shǒujī	名 携帯電話	16	爸爸	bàba	名 お父さん
7	呢	ne	助 ～は?	17	学校	xuéxiào	名 学校
8	这些	zhèxiē	代 これら。これらの	18	妈妈	māma	名 お母さん
9	东西	dōngxi	名 もの	19	米饭	mǐfàn	名 ご飯
10	都	dōu	副 みんな。全部	20	哪国人	nǎ guó rén	どこの国の方

🔊 52 1 指示代名詞 (1) ‖「こそあど」

	近称	遠称	疑問
単数	这 zhè これ	那 nà それ・あれ	哪 nǎ どれ
単数	这个 zhège/zhèige これ・この	那个 nàge/nèige それ・その	哪个 nǎge/něige どれ・どの
複数	这些 zhèxiē/zhèixiē これら	那些 nàxiē/nèixiē それら・あれら	哪些 nǎxiē/něixiē どれ・どの

▶ 目的語になるのは这・那・哪ではなく、这个・这些系列。

　　○ 我吃这个。　Wǒ chī zhège.

　　× 我吃这。

🔊 53 2 "的" ‖〜の

电脑和手机都是你的吗？　　Diànnǎo hé shǒujī dōu shì nǐ de ma?

——不是我的，是我同学的。　——Bú shì wǒ de, shì wǒ tóngxué de.

▶ 文脈から分かる場合、"的"の後ろの名詞は省略できる。

▶ 次の場合も"的"が省略できる。

　①人称代名詞＋（"的"）＋親族や人間関係・所属機関の名称

　　　他爸爸 tā bàba　　我朋友 wǒ péngyou　　　你们学校 nǐmen xuéxiào

　②熟語化されている語句。

　　　汉语老师 Hànyǔ lǎoshī　　日本学生 Rìběn xuésheng

▶ 動詞が名詞を修飾する場合、"的"を加える。

　　这是妈妈做的菜。　zhè shì māma zuò de cài.

🔊 54 3 語気助詞 "呢" ‖〜は？

我吃米饭，你呢？　Wǒ chī mǐfàn, nǐ ne?

——我也吃米饭。　——Wǒ yě chī mǐfàn.

▶ "呢"は名詞または代名詞の後ろにつけて、前の部分で述べていることと同様のことを省略してたずねる。

一　空欄の中に入る語をA～Dから選びなさい。

> A 也　　B 的　　C 那个　　D 都
> 　　yě　　　de　　　nàge　　　dōu

❶ 这是谁（　　　　　）杯子？
Zhè shì shéi（　　　　）bēizi?

❷ 那个电脑（　　　　）是我的。
Nàge diànnǎo（　　　）shì wǒ de.

❸ 你也喝这个吧。　　——不，我喝（　　　　）。
Nǐ yě hē zhège ba.　　——Bù, wǒ hē（　　　）.

二　文の内容と一致する写真を A～D から選びなさい。

A　　　　　　　B　　　　　　　C　　　　　　　D

❶ 他们都是我朋友。　　[　　]
Tāmen dōu shì wǒ péngyou.

❷ 这个手机是我的。　　[　　]
Zhège shǒujī shì wǒ de.

❸ 那不是我们学校。　　[　　]
Nà bú shì wǒmen xuéxiào.

三　組み合わせて会話として成立する文をA～Cから選びなさい。

❶ 这些东西都是谁的？　　[　　]　　A 对，也是我的。
Zhèxiē dōngxi dōu shì shéi de?　　　　　Duì, yě shì wǒ de.

❷ 这个也是你的吗？　　[　　]　　B 我喝红茶。
Zhège yě shì nǐ de ma?　　　　　　　Wǒ hē hóngchá.

❸ 我喝咖啡，你呢？　　[　　]　　C 都是我朋友的。
Wǒ hē kāfēi, nǐ ne?　　　　　　　　Dōu shì wǒ péngyou de.

55 一　音声を聞き、写真と一致する語句を下に書き取りなさい。

A　　　　　　　B　　　　　　　C　　　　　　　D

〔　　　　　〕〔　　　　　〕〔　　　　　〕〔　　　　　〕

56 二　音声を聞き、内容と一致する写真を A– D から選びなさい。

A　　　　　　　B　　　　　　　C　　　　　　　D

① _____

② _____

③ _____

57 三　音声を聞き、問いに対する適切な答えを A〜C から選びなさい。

① A 老师的　　　B 同学的　　　C 朋友的
　　lǎoshī de　　　tóngxué de　　　péngyou de

② A 那个　　　　B 这个　　　　C 哪个
　　nàge　　　　　zhège　　　　　nǎge

③ A 中国人　　　B 老师　　　　C 日本人
　　Zhōngguórén　lǎoshī　　　　Rìběnrén

第 4 課

🔊 ●大学近くの電器屋で。
58

田雨: 你 想 买 什么?
Nǐ xiǎng mǎi shénme?

小林: 我 想 买 手机。
Wǒ xiǎng mǎi shǒujī.

田雨: 你 看, 这个 苹果 手机 怎么样?
Nǐ kàn, zhège Píngguǒ shǒujī zěnmeyàng?

小林: 很 漂亮! 不过 有点儿 大。
Hěn piàoliang! Búguò yǒudiǎnr dà.

田雨: 那 你 看看 那个 黑 的, 也 不错。
Nà nǐ kànkan nàge hēi de, yě búcuò.

小林: 我 不 喜欢 黑 颜色。
Wǒ bù xǐhuan hēi yánsè.

🔊 单語
59

1	想	xiǎng	助動 ～したい		11	黑	hēi	形 黒い
2	买	mǎi	動 買う		12	不错	búcuò	形 よい。悪くない
3	你看	nǐ kàn	ねえ (相手の意見を求める)		13	喜欢	xǐhuan	動 好きである
4	怎么样	zěnmeyàng	代 どうですか		14	颜色	yánsè	名 色
5	很	hěn	副 とても		15	高兴	gāoxìng	形 嬉しい
6	漂亮	piàoliang	形 美しい		16	好吃	hǎochī	形 おいしい
7	不过	búguò	接 でも		17	忙	máng	形 忙しい
8	有点儿	yǒudiǎnr	副 ちょっと (望ましくないことに)		18	椅子	yǐzi	名 椅子
9	大	dà	形 大きい		19	要	yào	助動 ～しようとする。～しなければならない。
10	那	nà	接 それなら		20	小	xiǎo	形 小さい

🔊 60 　1　形容詞述語文　│主語＋〈副詞〉＋形容詞

同学们很高兴。	Tóngxuémen hěn gāoxìng.
这个苹果不好吃。	Zhège píngguǒ bù hǎochī.
你忙吗？	Nǐ máng ma?
——不忙。	——Bù máng.

➤ 形容詞の前に"很"など程度副詞をつける。つけないと「比較」の意味になる。

➤ 否定文と疑問文は"很"をつけなくても比較の意味にならない。

➤ 形容詞述語文には"是"をつけない。

➤ 形容詞に"的"をつけると、その特徴を持つ名詞を表す。

　　我不喜欢黑的。　Wǒ bù xǐhuan hēi de.

🔊 61 　2　助動詞"想"と"要"　│主語＋"想・要"＋動詞　〜したい。〜しようとする

我想买椅子。	Wǒ xiǎng mǎi yǐzi.
我要买小的。	Wǒ yào mǎi xiǎo de.
我不想看电影。	Wǒ bù xiǎng kàn diànyǐng.

➤ "想"は願望を表す。"要"はやや強い意思を表す。"要"の否定は"不要"でなく"不想"。

🔊 62 　3　動詞の重ね型　│ちょっと〜する。ちょっとしてみる

我看看。	Wǒ kànkan.

➤ 一音節の動詞は間に"一"を入れることもできる（意味は変わらない）。

一　空欄の中に入る語をA～Dから選びなさい。

> A 想　　B 好吃　　C 忙　　D 怎么样
> xiǎng　　hǎochī　　máng　　zěnmeyàng

❶ 苹果很（　　　　）。
Píngguǒ hěn（　　　　）.

❷ 这个颜色（　　　　）?
Zhège yánsè（　　　　）?

❸ 您想买什么?　　——我（　　　　）看看椅子。
Nín xiǎng mǎi shénme?　　——Wǒ（　　　　）kànkan yǐzi.

二　文の内容と一致する写真をA～Dから選びなさい。

A　　　　B　　　　C　　　　D

❶ 她很忙。
Tā hěn máng.

❷ 我很喜欢吃苹果。
Wǒ hěn xǐhuan chī píngguǒ.

❸ 她们都很高兴。
Tāmen dōu hěn gāoxìng.

三　組み合わせて会話として成立する文をA～Cから選びなさい。

❶ 你忙吗?
Nǐ máng ma?

❷ 这个椅子怎么样?
Zhège yǐzi zěnmeyàng?

❸ 你喜欢黑的吗?
Nǐ xǐhuan hēi de ma?

A 很漂亮，我很喜欢。
Hěn piàoliang, wǒ hěn xǐhuan.

B 我不喜欢黑颜色。
Wǒ bù xǐhuan hēi yánsè.

C 不忙。
Bù máng.

◆)) 63
一　音声を聞き、写真と一致する語句を下に書き取りなさい。

A　　　　　　B　　　　　　C　　　　　　D

〔　　　　　　〕〔　　　　　　〕〔　　　　　　〕〔　　　　　　〕

◆)) 64
二　音声を聞き、内容と一致する写真を A〜D から選びなさい。

A　　　　　　B　　　　　　C　　　　　　D

❶ _____

❷ _____

❸ _____

◆)) 65
三　音声を聞き、問いに対する適切な答えを A〜C から選びなさい。

❶　A 椅子　　　　B 东西　　　　C 手机
　　　yǐzi　　　　　dōngxi　　　　shǒujī

❷　A 不忙　　　　B 很忙　　　　C 不错
　　　bù máng　　　hěn máng　　　búcuò

❸　A 很高兴　　　B 很漂亮　　　C 很好吃
　　　hěn gāoxìng　hěn piàoliang　hěn hǎochī

第 5 課

🔊 ●小林さんは田雨くんにお願いしたいことがあって…
66

小林： **你 现在 有 时间 吗？**
Nǐ xiànzài yǒu shíjiān ma?

田雨： **对不起, 我 现在 要 去 图书馆。**
Duìbuqǐ, wǒ xiànzài yào qù túshūguǎn.

小林： **中午 有 没有 时间？**
Zhōngwǔ yǒu méiyǒu shíjiān?

田雨： **有。你 有 事儿 吗？**
Yǒu. Nǐ yǒu shìr ma?

小林： **明天 考试, 我 想 看看 你 的 笔记本。**
Míngtiān kǎoshì, wǒ xiǎng kànkan nǐ de bǐjìběn.

田雨： **好, 没 问题。**
Hǎo, méi wèntí.

🔊 **单語** 🐰
67

1	现在	xiànzài	名 今		11	考试	kǎoshì	動 試験をする
2	有	yǒu	動 ある。いる。もっている		12	笔记本	bǐjìběn	名 ノート
					13	好	hǎo	形 よろしい。よい
3	时间	shíjiān	名 時間		14	没问题	méi wèntí	問題ない。大丈夫である
4	对不起	duìbuqǐ	すみません		15	什么时候	shénme shíhou	いつ
5	去	qù	動 行く		16	每天	měi tiān	名 毎日
6	图书馆	túshūguǎn	名 図書館		17	姐姐	jiějie	名 姉
7	中午	zhōngwǔ	名 昼		18	弟弟	dìdi	名 弟
8	没有	méiyǒu	動 ない		19	有意思	yǒu yìsi	面白い
9	事儿	shìr	名 用事。こと		20	今天	jīntiān	名 今日
10	明天	míngtiān	名 明日		21	多	duō	形 多い

文法ポイント

1 時間の表現 (1) ┃「今日，今年」など

68

早上 zǎoshang	上午 shàngwǔ	中午 zhōngwǔ	下午 xiàwǔ	晚上 wǎnshang
(朝)	(午前)	(昼)	(午後)	(夜)
前天 qiántiān	昨天 zuótiān	今天 jīntiān	明天 míngtiān	后天 hòutiān
(おととい)	(昨日)	(今日)	(明日)	(あさって)
前年 qiánnián	去年 qùnián	今年 jīnnián	明年 míngnián	后年 hòunián
(おととし)	(去年)	(今年)	(来年)	(さ来年)

▶ 時間を表す語句は動詞の前に置く。

▶ 時間を尋ねる疑問詞は"什么时候"。

你什么时候去图书馆？　　　Nǐ shénme shíhou qù túshūguǎn?

——我每天中午去图书馆。　——Wǒ měi tiān zhōngwǔ qù túshūguǎn.

2 所有を表す動詞"有" ┃主語＋"有"＋目的語

69

我有姐姐，没有弟弟。　Wǒ yǒu jiějie, méiyǒu dìdi.

你现在有时间吗？　Nǐ xiànzài yǒu shíjiān ma?

▶ "有"の否定は"没有"。

3 反復疑問文 ┃肯定＋否定

70

你吃不吃？	Nǐ chī bu chī?	(動詞)
今天的电影有没有意思？	Jīntiān de diànyǐng yǒu méiyǒu yìsi?	(動詞)
今天事儿多不多？	Jīntiān shìr duō bu duō?	(形容詞)
你想不想去？	Nǐ xiǎng bu xiǎng qù?	(助動詞)

▶ 反復疑問文には"吗"をつけない。

5

一　空欄の中に入る語をA〜Dから選びなさい。

> A 明天　　B 没有　　C 考试　　D 时间
> 　 míngtiān　　méiyǒu　　kǎoshì　　shíjiān

❶ 你们什么时候（　　　　）？
　Nǐmen shénme shíhou (　　　　)?

❷ 你（　　　　）想不想看电影？
　Nǐ (　　　　) xiǎng bu xiǎng kàn diànyǐng?

❸ 你中午有没有（　　　）？　　——有，你有什么事儿？
　Nǐ zhōngwǔ yǒu méiyǒu (　　　)?　　——Yǒu, nǐ yǒu shénme shìr?

二　文の内容と一致する写真を A〜D から選びなさい。

A　　　　　　B　　　　　　C　　　　　　D

❶ 我有很多朋友。　　□
　Wǒ yǒu hěn duō péngyou.

❷ 我们明天上午考试。　　□
　Wǒmen míngtiān shàngwǔ kǎoshì.

❸ 我现在没事儿。　　□
　Wǒ xiànzài méi shìr.

三　組み合わせて会話として成立する文をA〜Cから選びなさい。

❶ 你什么时候有时间？　　□　　A 没有，我有弟弟。
　Nǐ shénme shíhou yǒu shíjiān?　　　　Méiyǒu, wǒ yǒu dìdi.

❷ 你有姐姐吗？　　□　　B 明天下午。
　Nǐ yǒu jiějie ma?　　　　Míngtiān xiàwǔ.

❸ 那个电影有没有意思？　　□　　C 很有意思。
　Nàge diànyǐng yǒu méiyǒu yìsi?　　　　Hěn yǒu yìsi.

🔊 71 一 　音声を聞き、写真と一致する語句を下に書き取りなさい。

A　　　　　　　B　　　　　　　C　　　　　　　D

〔　　　　　　　〕〔　　　　　　　〕〔　　　　　　　〕〔　　　　　　　〕

🔊 72 二 　音声を聞き、内容と一致する写真を A～D から選びなさい。

A　　　　　　　B　　　　　　　C　　　　　　　D

❶ ＿＿＿＿＿＿＿＿＿＿＿＿＿＿＿＿＿＿＿＿＿＿＿＿＿＿＿＿＿＿＿

❷ ＿＿＿＿＿＿＿＿＿＿＿＿＿＿＿＿＿＿＿＿＿＿＿＿＿＿＿＿＿＿＿

❸ ＿＿＿＿＿＿＿＿＿＿＿＿＿＿＿＿＿＿＿＿＿＿＿＿＿＿＿＿＿＿＿

🔊 73 三 　音声を聞き、問いに対する適切な答えを A～C から選びなさい。

❶ A 明天　　　　B 每天　　　　C 现在
　　míngtiān　　　měi tiān　　　xiànzài

❷ A 考试　　　　B 看笔记本　　　C 去图书馆
　　kǎoshì　　　kàn bǐjìběn　　　qù túshūguǎn

❸ A 想喝茶　　　B 不想喝茶　　　C 不想喝咖啡
　　xiǎng hē chá　　bù xiǎng hē chá　　bù xiǎng hē kāfēi

第 6 課

🔊
74

● 朝、駅で会った田雨くんと小林さんは一緒に学校へ向かう。

田雨： **你 今天 有 几 节 课？**
Nǐ jīntiān yǒu jǐ jié kè?

小林： **三 节 课。**
Sān jié kè.

田雨： **有 汉语 会话 课 吗？**
Yǒu Hànyǔ huìhuà kè ma?

小林： **有，第 一 节 就 是 汉语 会话 课。**
Yǒu, dì yī jié jiù shì Hànyǔ huìhuà kè.

田雨： **学生 多 不 多？**
Xuésheng duō bu duō?

小林： **不 多，只 有 十五 个 人。**
Bù duō, zhǐ yǒu shíwǔ ge rén.

🔊
75 単語

1	几	jǐ	代 いくつ	12	～杯	bēi	量 ～杯
2	～节	jié	量 ～コマ。～限目	13	水	shuǐ	名 水
3	课	kè	名 授業	14	两	liǎng	数 二つ
4	会话	huìhuà	動 会話する	15	～本	běn	量 ～冊
5	第～	dì	序 第～	16	书	shū	名 本
6	就	jiù	副 ほかでもなく…。すぐそこに	17	～张	zhāng	量 ～枚。～脚（紙、机などを数える）
7	只	zhǐ	副 ただ～だけ	18	桌子	zhuōzi	名 机
8	～个	ge	量 ～個	19	～块	kuài	量 ～個（かたまり状のものを数える）
9	人	rén	名 人	20	手表	shǒubiǎo	名 腕時計
10	百	bǎi	数 百	21	妹妹	mèimei	名 妹
11	千	qiān	数 千	22	多少	duōshao	代 どのくらい

76 **1 数詞**

十一 shíyī（11）　　十二 shí'èr（12）　　二十 èrshí（20）　　二十二 èrshi'èr（22）

九十九 jiǔshijiǔ（99）　　一百 yìbǎi（100）　　一百零一 yìbǎi líng yī（101）

一百一十 yìbǎi yīshí（110）　　一百一十一 yìbǎi yīshiyī（111）　　一千 yìqiān（1000）

➤ 0 ～ 10 までの数字は 15 頁を参照。
➤ 11 ～ 99 までの数え方は日本語の数え方と似ている。

77 **2 量詞 ｜数詞＋量詞＋名詞**

一杯水 yì bēi shuǐ（1杯の水）　　　　　两个人 liǎng ge rén（2人）

三本书 sān běn shū（3冊の本）　　　　四张桌子 sì zhāng zhuōzi（4つの机）

➤ "两"と"二"。量詞をつける時は"两"、序数、順番を数える時は"二"。
➤ 量詞の前に指示代名詞を置くこともできる。数字が「一」の場合は省略する。

　　　这块手表 zhè kuài shǒubiǎo　　　那两个人 nà liǎng ge rén

78 **3 "几"と"多少" ｜数量を尋ねる疑問詞**

你有几个妹妹？　　　　　Nǐ yǒu jǐ ge mèimei?

你们学校有多少（个）学生？　Nǐmen xuéxiào yǒu duōshao (ge) xuésheng?

你买多少？　　　　　　　Nǐ mǎi duōshao?

➤ "几"は量詞をつける。
➤ "几"は 10 未満の範囲を想定して使う。
➤ "多少"は数字の制限がなく、量詞はつけなくてもよい。

一 空欄の中に入る語をA〜Dから選びなさい。

> A 多少　　B 第　　C 几　　D 本
> 　duōshao　　　dì　　　jǐ　　　běn

① 我有两（　　　）书。
Wǒ yǒu liǎng (　　　) shū.

② 你买（　　　）？
Nǐ mǎi (　　　)?

③ 你们今天学习第几课？　—今天学习（　　　）六课。
Nǐmen jīntiān xuéxí dì jǐ kè?　—Jīntiān xuéxí (　　　) liù kè.

二 文の内容と一致する写真をA〜Dから選びなさい。

A　　　　　　B　　　　　　C　　　　　　D

① 我有两个姐姐。　　　[　　]
Wǒ yǒu liǎng ge jiějie.

② 第一节是汉语课。　　[　　]
Dì yī jié shì Hànyǔ kè.

③ 这本书是谁的？　　　[　　]
Zhè běn shū shì shéi de?

三 組み合わせて会話として成立する文をA〜Cから選びなさい。

① 你想喝什么？　　　[　　]　　A 很有意思。
Nǐ xiǎng hē shénme?　　　　　　Hěn yǒu yìsi.

② 你有几个姐姐？　　[　　]　　B 我只有一个姐姐。
Nǐ yǒu jǐ ge jiějie?　　　　　　Wǒ zhǐ yǒu yí ge jiějie.

③ 这本书怎么样？　　[　　]　　C 我想喝杯水。
Zhè běn shū zěnmeyàng?　　　　Wǒ xiǎng hē bēi shuǐ.

就活・留学準備の強力な味方！

あなたのグローバル英語力を測定

新時代のオンラインテスト

銀行のセミナー・研修にも使われています

CNN GLENTS

留学・就活により役立つ新時代のオンラインテスト

79 一 音声を聞き、写真と一致する語句を下に書き取りなさい。

A   B   C   D

〔　　　　　　〕〔　　　　　　〕〔　　　　　　〕〔　　　　　　〕

80 二 音声を聞き、内容と一致する写真を A〜D から選びなさい。

A   B   C   D

 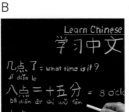  

❶ _____

❷ _____

❸ _____

81 三 音声を聞き、問いに対する適切な答えを A〜C から選びなさい。

❶ A 一本书　　　　　B 两杯水　　　　　C 三张桌子
　　yì běn shū　　　　liǎng bēi shuǐ　　　sān zhāng zhuōzi

❷ A 一个弟弟　　　　B 两个姐姐　　　　C 三个妹妹
　　yí ge dìdi　　　　liǎng ge jiějie　　　sān ge mèimei

❸ A 第一节　　　　　B 第二杯　　　　　C 第三课
　　dì yī jié　　　　　dì èr bēi　　　　　dì sān kè

第 7 課

🔊 82　●外出先で用事を済ませた田雨くんと小林さんはお腹が空いてきた。

田雨：
你　中午　吃　什么？
Nǐ　zhōngwǔ　chī　shénme?

小林：
我　想　吃　日本　拉面。
Wǒ　xiǎng　chī　Rìběn　lāmiàn.

田雨：
附近　好像　没有　日本　拉面　店。
Fùjìn　hǎoxiàng　méiyǒu　Rìběn　lāmiàn　diàn.

小林：
有　没有　汉堡包　店？
Yǒu　méiyǒu　hànbǎobāo　diàn?

田雨：
有，就　在　车站　前面。
Yǒu,　jiù　zài　chēzhàn　qiánmiàn.

小林：
那　我　吃　汉堡包　吧。
Nà　wǒ　chī　hànbǎobāo　ba.

🔊 83　単語 🐰

1	拉面	lāmiàn	名 ラーメン		12	医院	yīyuàn	名 病院
2	附近	fùjìn	名 付近		13	家	jiā	名·量 家。～軒
3	好像	hǎoxiàng	副 ～ようだ		14	里面	lǐmiàn	名 中の方
4	店	diàn	名 店		15	教室	jiàoshì	名 教室
5	汉堡包	hànbǎobāo	名 ハンバーガー		16	饭馆（儿）	fànguǎn(r)	名 レストラン
6	在	zài	動 ある。いる		17	家	jiā	名 家
7	车站	chēzhàn	名 駅。バス停		18	北京	Běijīng	名 北京
8	前面	qiánmiàn	名 前の方		19	公司	gōngsī	名 会社
9	这儿	zhèr	代 ここ		20	报纸	bàozhǐ	名 新聞
10	那儿	nàr	代 そこ。あそこ		21	房间	fángjiān	名 部屋
11	哪儿	nǎr	代 どこ					

文法ポイント

🔊 84
1 指示代名詞 (2) ｜ 場所

ここ	そこ / あそこ	どこ
这儿 zhèr	那儿 nàr	哪儿 nǎr
这里 zhèli	那里 nàli	哪里 nǎli

➤ "这儿""那儿""哪儿"は話し言葉。

🔊 85
2 方位詞

	上 shàng (上)	下 xià (下)	前 qián (前)	后 hòu (後ろ)	里 lǐ (内)	外 wài (外)	旁 páng (隣)
边(儿) bian(r)	上边	下边	前边	后边	里边	外边	旁边
面 miàn	上面	下面	前面	后面	里面	外面	

※旁边 pángbiān

➤ 一音節方位詞は名詞の後ろにつけて用いる。

➤ 二音節方位詞は単独、または名詞の後ろにつけて用いるが、名詞との間に"的"を入れなくてもよい。

医院的里面 → 医院里面 → 医院里

➤ 指示代名詞 + 边(儿)の言い方もある。

这边(儿) zhèbian(r)　　　那边(儿) nàbian(r)　　　哪边(儿) nǎbian(r)

🔊 86
3 存在を表す動詞 "有" と "在"

A【場所＋"有"＋モノ / ヒト】「〜に…がいる / ある」

教室里有人。　　　　Jiàoshì li yǒu rén.

附近没有饭馆儿。　　Fùjìn méiyǒu fànguǎnr.

B【モノ / ヒト＋"在"＋場所】「〜は…にいる / ある」

我家在北京。　　　　Wǒ jiā zài Běijīng.

爸爸不在公司。　　　Bàba bú zài gōngsī.

➤ 名詞を場所語として使う場合、"里"、"上"、"下"などをつける。ただし、"教室""图书馆"など、もともと場所を表す名詞の場合はつけなくてもいい。

报纸在桌子上。　　　　　Bàozhǐ zài zhuōzi shang.

这个房间里没有桌子。　Zhège fángjiān li méiyǒu zhuōzi.

一　空欄の中に入る語をA～Dから選びなさい。

A 哪儿	B 没有	C 在	D 上
nǎr	méiyǒu	zài	shang

❶ 报纸在桌子（　　　　　）。
Bàozhǐ zài zhuōzi (　　　　　).

❷ 房间里（　　　　　）人。
Fángjiān li (　　　　　) rén.

❸ 你有中国朋友吗？　　　　　—有，他（　　　　　）北京。
Nǐ yǒu Zhōngguó péngyou ma?　　—Yǒu, tā (　　　　　) Běijīng.

二　文の内容と一致する写真を A～D から選びなさい。

A　　　　　　B　　　　　　C　　　　　　D

❶ 老师在教室里。
Lǎoshī zài jiàoshì li.

❷ 医院在学校前边儿。
Yīyuàn zài xuéxiào qiánbianr.

❸ 我旁边儿是我同学。
Wǒ pángbiānr shì wǒ tóngxué.

三　組み合わせて会話として成立する文をA～Cから選びなさい。

❶ 你爸爸在家吗？　　　　　　　　　A 有，在车站前面。
Nǐ bàba zài jiā ma?　　　　　　　　　Yǒu, zài chēzhàn qiánmiàn.

❷ 附近有没有饭馆儿？　　　　　　　B 我在教室里。
Fùjìn yǒu méiyǒu fànguǎnr?　　　　　Wǒ zài jiàoshì li.

❸ 你现在在哪儿？　　　　　　　　　C 不在，他在公司。
Nǐ xiànzài zài nǎr?　　　　　　　　　Bú zài, tā zài gōngsī.

■)) 87　一　音声を聞き、写真と一致する語句を下に書き取りなさい。

A　　　　　　　　B　　　　　　　　C　　　　　　　　D

〔　　　　　　〕〔　　　　　　〕〔　　　　　　〕〔　　　　　　〕

■)) 88　二　音声を聞き、内容と一致する写真を A〜D から選びなさい。

A　　　　　　　　B　　　　　　　　C　　　　　　　　D

① _____

② _____

③ _____

■)) 89　三　音声を聞き、問いに対する適切な答えを A〜C から選びなさい。

① A 车站附近　　　　B 公司里面　　　　C 学校前面
　　chēzhàn fùjìn　　　gōngsī lǐmiàn　　　xuéxiào qiánmiàn

② A 教室　　　　　　B 房间　　　　　　C 医院
　　jiàoshì　　　　　　fángjiān　　　　　　yīyuàn

③ A 这个教室　　　　B 旁边的教室　　　C 这边的教室
　　zhège jiàoshì　　　pángbiān de jiàoshì　zhèbian de jiàoshì

第 8 課

🔊 ●田雨くんと小林さんは雑談しているうちに年齢の話になった。
90

田雨： 你 今年 多 大 了？
Nǐ jīnnián duō dà le?

小林： 我 二十 岁 了。
Wǒ èrshí suì le.

田雨： 你 的 生日 是 几 月 几 号？
Nǐ de shēngrì shì jǐ yuè jǐ hào?

小林： 今天 就 是 我 的 生日。
Jīntiān jiù shì wǒ de shēngrì.

田雨： 是 吗？ 生日 快乐！
Shì ma? Shēngrì kuàilè!

小林： 谢谢。
Xièxie.

🔊 単語
91

1	今年	jīnnián	名 今年	12	水果	shuǐguǒ	名 果物
2	多大	duō dà	何歳。いくつ	13	便宜	piányi	形 安い
3	了	le	助 〜になった	14	女儿	nǚ'ér	名 娘
4	〜岁	suì	量 〜歳	15	生病	shēngbìng	動 病気になる
5	生日	shēngrì	名 誕生日	16	孩子	háizi	名 子供
6	月	yuè	名 月	17	病	bìng	名 病気
7	〜号	hào	量 日	18	还	hái	副 また。まだ。もっと
8	快乐	kuàilè	形 楽しい	19	儿子	érzi	名 息子
9	谢谢	xièxie	ありがとう	20	岁数	suìshu	名 年齢
10	星期	xīngqī	名 曜日	21	高	gāo	形 高い
11	春天	chūntiān	名 春				

1 時間の表現 (2) ｜ 年月日・曜日
92

一九九八年 (1998年) yī jiǔ jiǔ bā nián	二零二三年 (2023年) èr líng èr sān nián	
一月 (1月) yīyuè	十二月 (12月) shí'èryuè	几月 (何月) jǐ yuè
二号 (2日) èr hào	三十一号 (31日) sānshiyī hào	几号 (何日) jǐ hào
星期一 (月) xīngqīyī	星期二 (火) xīngqī'èr	星期三 (水) xīngqīsān
星期四 (木) xīngqīsì	星期五 (金) xīngqīwǔ	星期六 (土) xīngqīliù
星期日 / 星期天 (日曜日) xīngqīrì/xīngqītiān	星期几 (何曜日) xīngqī jǐ	
上个月 / 星期 (先月 / 先週) shàng ge yuè/xīngqī	这个月 / 星期 (今月 / 今週) zhè ge yuè/xīngqī	下个月 / 星期 (来月 / 来週) xià ge yuè/xīngqī

▶ 時間を表す文では"是"を省略できる。

　今天六月二十四号，星期五。　Jīntiān liùyuè èrshisì hào, xīngqīwǔ.

2 変化を表す文末助詞"了" ｜ ～になった
93

春天了。	Chūntiān le.
水果便宜了。	Shuǐguǒ piányi le.
她女儿生病了。	Tā nǚ'ér shēngbìng le.
你孩子的病好了吗？	Nǐ háizi de bìng hǎo le ma?
——还没好。	——Hái méi hǎo.

▶ "了"は文末に置き、状況の変化や新たな事態の発生を表す。

3 年齢の言い方
94

你儿子几岁了？	Nǐ érzi jǐ suì le?
你今年多大了？	Nǐ jīnnián duō dà le?
老师多大岁数了？	Lǎoshī duō dà suìshu le?

▶ 形容詞の前に"(有)多"を置き、程度や数量をたずねることができる。

　你(有)多高？　Nǐ (yǒu) duō gāo?

一　空欄の中に入る語をA〜Dから選びなさい。

> A 便宜　　B 多大　　C 了　　D 岁
> 　 piányi　　 duō dà　　 le　　 suì

❶ 你爸爸今年（　　　　　）岁数了？
Nǐ bàba jīnnián (　　　　) suìshu le?

❷ 电脑（　　　　）了。
Diànnǎo (　　　) le.

❸ 今天星期几？　　—星期五（　　　　　）。
Jīntiān xīngqī jǐ?　　—Xīngqīwǔ (　　　　　).

二　文の内容と一致する写真をA〜Dから選びなさい。

A　　　　　　　B　　　　　　　C　　　　　　　D

❶ 生日快乐！
Shēngrì kuàilè!

❷ 我女儿生病了。
Wǒ nǚ'ér shēngbìng le.

❸ 我们老师的儿子五岁了。
Wǒmen lǎoshī de érzi wǔ suì le.

三　組み合わせて会話として成立する文をA〜Cから選びなさい。

❶ 你女儿几岁了？
Nǐ nǚ'ér jǐ suì le?

A 五岁了。
　 Wǔ suì le.

❷ 你的生日是几月几号？
Nǐ de shēngrì shì jǐ yuè jǐ hào?

B 这个月五号去。
　 Zhège yuè wǔ hào qù.

❸ 你什么时候去中国？
Nǐ shénme shíhou qù Zhōngguó?

C 八月二十号。
　 Bāyuè èrshí hào.

8

95 ━ 音声を聞き、写真と一致する語句を下に書き取りなさい。

A   B   C   D

〔   〕 〔   〕 〔   〕 〔   〕

96 二 音声を聞き、内容と一致する写真を A～D から選びなさい。

A   B   C   D

❶ _____ ☐

❷ _____ ☐

❸ _____ ☐

97 三 音声を聞き、問いに対する適切な答えを A～C から選びなさい。

❶ A 星期一   B 星期三   C 星期五   ☐
     xīngqīyī   xīngqīsān   xīngqīwǔ

❷ A 两岁   B 三岁   C 五岁   ☐
     liǎng suì   sān suì   wǔ suì

❸ A 十月四号   B 四月十号   C 十月十五号   ☐
     shíyuè sì hào   sìyuè shí hào   shíyuè shíwǔ hào

(♪) ●田雨くんと小林さんは大学の近くのスーパーで会った。
98

小林：
你 买 什么 了？
Nǐ mǎi shénme le?

田雨：
我 买了 一 件 毛衣。你 呢？
Wǒ mǎile yí jiàn máoyī. Nǐ ne?

小林：
我 给 妹妹 买 裙子。
Wǒ gěi mèimei mǎi qúnzi.

田雨：
买了 吗？
Mǎile ma?

小林：
还 没 买。你 看 那 条 裙子 颜色 怎么样？
Hái méi mǎi. Nǐ kàn nà tiáo qúnzi yánsè zěnmeyàng?

田雨：
不错，你 妹妹 一定 喜欢。
Búcuò, nǐ mèimei yídìng xǐhuan.

(♪) 単語 🐰
99

1	了	le	助 ～した		10	丈夫	zhàngfu	名 夫
2	～件	jiàn	量 ～着。枚（上着類を数える）		11	新	xīn	形 新しい
3	毛衣	máoyī	名 セーター		12	衣服	yīfu	名 服
4	给	gěi	前 ～に		13	打电话	dǎ diànhuà	電話をする
5	～条	tiáo	量 ～枚。～本（スカートや細長い物を数える）		14	天气	tiānqì	名 天気
6	裙子	qúnzi	名 スカート		15	工作	gōngzuò	動 仕事をする
7	一定	yídìng	副 必ず。きっと		16	小狗	xiǎo gǒu	名 子犬
8	西瓜	xīguā	名 スイカ		17	眼睛	yǎnjing	名 目
9	妻子	qīzi	名 妻		18	真	zhēn	副 本当に
					19	身体	shēntǐ	名 体

🔊 100 ❶ 完了を表す助詞 "了" ┃動詞+"了" ～た

妹妹吃了一块西瓜。　　Mèimei chīle yí kuài xīguā.

我没吃西瓜。　　　　　Wǒ méi chī xīguā.

你买了吗？　　　　　　Nǐ mǎile ma?

你买了没有？　　　　　Nǐ mǎile méiyǒu?

➤ "了"は動詞の後で、動作の実現を表す。
➤ 目的語には数量詞などの修飾語がつく。
➤ 否定の場合は動詞の前に "没（有）" を置き、"了" をつけない。

🔊 101 ❷ 前置詞 "给" ┃主語+"给"+人+動詞　～に…する

妻子给丈夫买了一件新衣服。　　Qīzi gěi zhàngfu mǎile yí jiàn xīn yīfu.

我昨天没给朋友打电话。　　　　Wǒ zuótiān méi gěi péngyou dǎ diànhuà.

➤ "给"は動作の対象や受益者を表す。

🔊 102 ❸ 主述述語文 ┃主語１+主語２+形容詞　～は…が～だ

今天北京天气很好。　　Jīntiān Běijīng tiānqì hěn hǎo.

我现在工作不忙。　　　Wǒ xiànzài gōngzuò bù máng.

你家的小狗眼睛真大。　Nǐ jiā de xiǎo gǒu yǎnjing zhēn dà.

你爸爸身体好吗？　　　Nǐ bàba shēntǐ hǎo ma?

➤ 主述述語文は二つの主語がある。主語１と主語２は全体と部分の関係。

一　空欄の中に入る語をA～Dから選びなさい。

> A 没　　B 菜　　C 给　　D 了
> 　méi　　cài　　gěi　　le

❶ 我家附近的饭馆（　　　　）很好吃。
Wǒ jiā fùjìn de fànguǎn (　　　　) hěn hǎochī.

❷ 你（　　　　）妻子买什么？
Nǐ (　　　　) qīzi mǎi shénme?

❸ 早上你喝什么了？　—早上我喝（　　　　）一杯咖啡。
Zǎoshang nǐ hē shénme le?　—Zǎoshang wǒ hē (　　　　) yì bēi kāfēi.

二　文の内容と一致する写真をA～Dから選びなさい。

A　　　　　B　　　　　C　　　　　D

❶ 我给朋友打电话。
Wǒ gěi péngyou dǎ diànhuà.

❷ 我买了一条裙子。
Wǒ mǎile yì tiáo qúnzi.

❸ 他工作很忙。
Tā gōngzuò hěn máng.

三　組み合わせて会話として成立する文をA～Cから選びなさい。

❶ 你看了没有？
Nǐ kànle méiyǒu?

A 他身体很好。
　Tā shēntǐ hěn hǎo.

❷ 你给谁买衣服？
Nǐ gěi shéi mǎi yīfu?

B 还没看，今天一定看。
　Hái méi kàn, jīntiān yídìng kàn.

❸ 你爸爸身体怎么样？
Nǐ bàba shēntǐ zěnmeyàng?

C 给我妻子买，今天是她的生日。
　Gěi wǒ qīzi mǎi, jīntiān shì tā de shēngrì.

103 一 音声を聞き、写真と一致する語句を下に書き取りなさい。

A　　　　　　　B　　　　　　　C　　　　　　　D

〔　　　　　　　〕〔　　　　　　　〕〔　　　　　　　〕〔　　　　　　　〕

104 二 音声を聞き、内容と一致する写真を A～D から選びなさい。

A　　　　　　　B　　　　　　　C　　　　　　　D

❶ _____

❷ _____

❸ _____

105 三 音声を聞き、問いに対する適切な答えを A～C から選びなさい。

❶ A 很忙　　　　B 不忙　　　　C 很好
　　 hěn máng　　　 bù máng　　　 hěn hǎo

❷ A 一件毛衣　　 B 两件毛衣　　 C 两条裙子
　　 yí jiàn máoyī　 liǎng jiàn máoyī　 liǎng tiáo qúnzi

❸ A 不吃　　　　B 没吃　　　　C 吃了
　　 bù chī　　　　 méi chī　　　　 chīle

第 10 課

🔊 106

●まもなくゼミが始まるのに李梅さんがまだ来ていないので、小林さんは心配して田雨くんにたずねる。

小林：
十 点 半 了, 李 梅 怎么 还 不 来?
Shí diǎn bàn le, Lǐ Méi zěnme hái bù lái?

田雨：
她 生病 了。
Tā shēngbìng le.

小林：
是 吗? 那 我们 去 看看 她 吧。
Shì ma? Nà wǒmen qù kànkan tā ba.

田雨：
好, 下午 三 点 去, 怎么样?
Hǎo, xiàwǔ sān diǎn qù, zěnmeyàng?

小林：
没 问题。 我们 怎么 去?
Méi wèntí. Wǒmen zěnme qù?

田雨：
骑 自行车 去 吧。
Qí zìxíngchē qù ba.

🔊 107 **単語**

1	～点	diǎn	量 ～時	13	坐	zuò	動 乗る。座る
2	半	bàn	数 半	14	公共汽车	gōnggòng qìchē	名 バス
3	李梅	Lǐ Méi	名 李梅 (氏名)	15	请～	qǐng	動 どうぞ～してください
4	怎么	zěnme	代 どうやって。なぜ	16	用～	yòng	前 ～で。～を用いて
5	来	lái	動 来る	17	说	shuō	動 話す
6	骑	qí	動 (またがって) 乗る	18	出租车	chūzūchē	名 タクシー
7	自行车	zìxíngchē	名 自転車	19	字	zì	名 字
8	～分	fēn	量 ～分	20	读	dú	動 読む
9	起床	qǐchuáng	動 起きる	21	跑步	pǎobù	動 ジョギングする
10	晚上	wǎnshang	名 夜	22	卖	mài	動 売る
11	睡觉	shuìjiào	動 寝る				
12	商店	shāngdiàn	名 商店				

🔊 108 　1　時間の表現（3）　│　時刻

2:00	两点	liǎng diǎn
3:05	三点（零）五分	sān diǎn (líng) wǔ fēn
4:15	四点十五分	sì diǎn shíwǔ fēn
5:30	五点半	wǔ diǎn bàn

现在几点（了）？　　　　　Xiànzài jǐ diǎn (le)?
我每天五点十分起床。　　Wǒ měi tiān wǔ diǎn shí fēn qǐchuáng.
我晚上十二点睡觉。　　　Wǒ wǎnshang shí'èr diǎn shuìjiào.

🔊 109 　2　連動文　│　主語＋動詞1＋動詞2

我去商店买东西。　　　　Wǒ qù shāngdiàn mǎi dōngxi.
他坐公共汽车去学校。　　Tā zuò gōnggòng qìchē qù xuéxiào.
请用汉语说。　　　　　　Qǐng yòng Hànyǔ shuō.

▶ 連動文は二つ以上の動詞が連続して現れる文。動作は実際行われた順に並べる。
▶ 否定副詞"不"、助動詞"想"などは最初の動詞の前に置く。
　　我不想坐出租车去。　　Wǒ bù xiǎng zuò chūzūchē qù.

🔊 110 　3　疑問詞"怎么"　│　どうやって／なぜ

这个字怎么读？　　　Zhège zì zěnme dú?
苹果怎么卖？　　　　Píngguǒ zěnme mài?
你怎么不去跑步？　　Nǐ zěnme bú qù pǎobù?

▶ "怎么"には「どうやって」と「なぜ」の二つの用法がある。
▶ "怎么"の直後に動詞がくると「どうやって」。"怎么"と動詞の間、あるいは動詞の後に他の語句があると「なぜ」。
▶ "怎么了?"といった慣用表現もある。現状を尋ねる時用いる。
　　你怎么了？　Nǐ zěnme le?

一   空欄の中に入る語を A〜D から選びなさい。

> A 分   B 半   C 坐   D 怎么
>   fēn   bàn   zuò   zěnme

① 我每天（   ）公共汽车去学校。

   Wǒ měi tiān（   ）gōnggòng qìchē qù xuéxiào.

② 你（   ）还不睡觉？

   Nǐ（   ）hái bú shuìjiào?

③ 现在几点？   ——现在两点（   ）。

   Xiànzài jǐ diǎn?   ——Xiànzài liǎng diǎn（   ).

二   文の内容と一致する写真を A〜D から選びなさい。

A   B   C   D

① 我每天早上五点起床去跑步。

   Wǒ měi tiān zǎoshang wǔ diǎn qǐchuáng qù pǎobù.

② 我骑自行车去学校。

   Wǒ qí zìxíngchē qù xuéxiào.

③ 这个字怎么读？

   Zhège zì zěnme dú?

三   組み合わせて会話として成立する文を A〜C から選びなさい。

① 你怎么不喝？   A 五点。

   Nǐ zěnme bù hē?   Wǔ diǎn.

② 你早上几点起床？   B 骑自行车去。

   Nǐ zǎoshang jǐ diǎn qǐchuáng?   Qí zìxíngchē qù.

③ 你怎么去公司？   C 我晚上不喝茶。

   Nǐ zěnme qù gōngsī?   Wǒ wǎnshang bù hē chá.

111　一　音声を聞き、写真と一致する語句を下に書き取りなさい。

A　B　C　D

〔　　　　　　〕〔　　　　　　　〕〔　　　　　　　〕〔　　　　　　　〕

10

112　二　音声を聞き、内容と一致する写真を A〜D から選びなさい。

A　B　C　D

❶ _____

❷ _____

❸ _____

113　三　音声を聞き、問いに対する適切な答えを A〜C から選びなさい。

❶ A 上午十点　　　B 下午四点　　　C 晚上十点
　　shàngwǔ shí diǎn　　xiàwǔ sì diǎn　　wǎnshang shí diǎn

❷ A 睡觉了　　　B 去跑步　　　C 生病了
　　shuìjiào le　　qù pǎobù　　shēngbìng le

❸ A 骑自行车　　　B 坐公共汽车　　　C 坐出租车
　　qí zìxíngchē　　zuò gōnggòng qìchē　　zuò chūzūchē

第 11 課

●小林さんは田雨くんに電話する。
114

小林： 你 在 哪儿 呢？
Nǐ zài nǎr ne?

田雨： 我 在 学校 后面 的 小 公园。
Wǒ zài xuéxiào hòumiàn de xiǎo gōngyuán.

小林： 你 在 那儿 干 什么？
Nǐ zài nàr gàn shénme?

田雨： 教 留学生 气功 呢。
Jiāo liúxuéshēng qìgōng ne.

小林： 是 吗？ 我 也 想 学。
Shì ma? Wǒ yě xiǎng xué.

田雨： 那 你 快 来， 跟 他们 一起 学 吧。
Nà nǐ kuài lái, gēn tāmen yìqǐ xué ba.

単語
115

1	在	zài	前 ～で		10	等	děng	動 待つ
2	公园	gōngyuán	名 公園		11	告诉	gàosu	動 教える（情報など）
3	干	gàn	動 する。やる（口語）		12	消息	xiāoxi	名 ニュース。知らせ
4	教	jiāo	動 教える（知識など）		13	问	wèn	動 聞く
5	气功	qìgōng	名 気功		14	问题	wèntí	名 問題
6	学	xué	動 学ぶ		15	给	gěi	動 与える
7	快	kuài	副 早く		16	踢足球	tī zúqiú	サッカーをする
8	跟	gēn	前 ～と		17	打篮球	dǎ lánqiú	バスケットボールをする
9	一起	yìqǐ	副 一緒に		18	题	tí	名 （試験や練習の）問題

1　前置詞"在" ┃主語＋"在"＋場所＋動詞　〜で

116

我在车站等你。　　　Wǒ zài chēzhàn děng nǐ.

晚上我不在家吃饭。　Wǎnshang wǒ bú zài jiā chī fàn.

➤ 前置詞"在"は動作が行われる場所を導く。

➤ 第7課の動詞"在"と比較してみましょう。

2　二重目的語 ┃主語＋動詞＋目的語1＋目的語2

117

告诉你一个好消息。　Gàosu nǐ yí ge hǎo xiāoxi.

我问你一个问题。　　Wǒ wèn nǐ yí ge wèntí.

他给了我一个苹果。　Tā gěile wǒ yí ge píngguǒ.

➤ 一部の動詞は二つの目的語をとることができる。

➤ 目的語1は「だれに」、目的語2には「何を」を置く。

3　前置詞"跟" ┃主語＋"跟"＋人＋動詞　〜と

118

他喜欢跟同学们一起踢足球。　Tā xǐhuan gēn tóngxuémen yìqǐ tī zúqiú.

我不想跟他们打篮球。　　　　Wǒ bù xiǎng gēn tāmen dǎ lánqiú.

你跟谁做题呢？　　　　　　　Nǐ gēn shéi zuò tí ne?

➤ "跟"はともに行動する相手を導く。

一 　空欄の中に入る語をA～Dから選びなさい。

> A 给　　B 在　　C 问　　D 跟
> 　　gěi　　　zài　　　wèn　　　gēn

❶ 你姐姐（　　　　）哪儿工作？
Nǐ jiějie (　　　) nǎr gōngzuò?

❷ 你（　　　　）谁踢足球？
Nǐ (　　　) shéi tī zúqiú?

❸ 我想（　　　　）你一个问题。　——你想问什么？
Wǒ xiǎng (　　　) nǐ yí ge wèntí.　——Nǐ xiǎng wèn shénme?

二 　文の内容と一致する写真をA～Dから選びなさい。

A　　　　　　B　　　　　　C　　　　　　D

❶ 请给我一杯水。
Qǐng gěi wǒ yì bēi shuǐ.

❷ 我在车站等你。
Wǒ zài chēzhàn děng nǐ.

❸ 我跟朋友买衣服。
Wǒ gēn péngyou mǎi yīfu.

三 　組み合わせて会話として成立する文をA～Cから選びなさい。

❶ 你在哪儿等我？
Nǐ zài nǎr děng wǒ?

❷ 你想问什么？
Nǐ xiǎng wèn shénme?

❸ 你跟谁一起去北京？
Nǐ gēn shéi yìqǐ qù Běijīng?

A 这个题怎么做？
Zhège tí zěnme zuò?

B 在车站前面等你。
Zài chēzhàn qiánmiàn děng nǐ.

C 跟朋友一起去。
Gēn péngyou yìqǐ qù.

11

◀))
119
一　音声を聞き、写真と一致する語句を下に書き取りなさい。

A　　　　　　　　B　　　　　　　　C　　　　　　　　D

〔　　　　　　　〕〔　　　　　　　〕〔　　　　　　　〕〔　　　　　　　〕

◀))
120
二　音声を聞き、内容と一致する写真を A～D から選びなさい。

A　　　　　　　　B　　　　　　　　C　　　　　　　　D

❶ _____ ☐

❷ _____ ☐

❸ _____ ☐

◀))
121
三　音声を聞き、問いに対する適切な答えを A～C から選びなさい。

❶　A 教室　　　　　B 学校　　　　　C 车站　　　　　☐
　　　jiàoshì　　　　　xuéxiào　　　　　chēzhàn

❷　A 一个问题　　　B 一个苹果　　　C 一个好消息　　☐
　　　yí ge wèntí　　　yí ge píngguǒ　　　yí ge hǎo xiāoxi

❸　A 朋友　　　　　B 老师　　　　　C 同学　　　　　☐
　　　péngyou　　　　lǎoshī　　　　　tóngxué

🔊122 ●映画館を通りかかった二人は、あるポスターの前で足を止めた。

小林： **你 看过 那个 电影 吗?**
Nǐ　kànguo　nàge　diànyǐng　ma?

田雨： **看过，非常 有 意思。**
Kànguo,　fēicháng　yǒu　yìsi.

小林： **我 还 没 看 呢。**
Wǒ　hái　méi　kàn　ne.

田雨： **那 我们 一起 去 看 吧。我 想 再 看 一 遍。**
Nà　wǒmen　yìqǐ　qù　kàn　ba.　Wǒ　xiǎng　zài　kàn　yí　biàn.

小林： **好，去 买 票 吧。多少 钱 一 张 票?**
Hǎo,　qù　mǎi　piào　ba.　Duōshao qián　yì　zhāng　piào?

田雨： **五十 块。**
Wǔshí　kuài.

🔊123 単語

1	～过	guo	助 ～したことがある
2	非常	fēicháng	副 非常に
3	再	zài	副 もう一度。また
4	～遍	biàn	量 (通して)～回
5	票	piào	名 券。チケット
6	多少钱	duōshao qián	いくら
7	～块	kuài	量 "元"の話し言葉
8	羊肉	yáng ròu	名 羊肉
9	～次	cì	量 ～回
10	船	chuán	名 船。フェリー
11	药	yào	名 薬

12	～片	piàn	量 ～錠。～枚 (平たく薄いものを数える)
13	～毛	máo	量 "角"の話し言葉
14	～分	fēn	量 ～分 (人民元の単位)
15	～元	yuán	量 ～元 (人民元の単位)
16	～角	jiǎo	量 ～角 (人民元の単位)
17	～公斤	gōngjīn	量 ～キログラム
18	鱼	yú	名 魚
19	鸡蛋	jīdàn	名 卵
20	钱	qián	名 お金

1 経験を表す "过" │ 動詞＋"过" ～したことがある

| 124 |

我去过北京。　　　Wǒ qùguo Běijīng.

我没吃过羊肉。　　Wǒ méi chīguo yáng ròu.

▶ 否定の場合は動詞の前に "没(有)" を置く。

2 動作量補語 │ 動詞＋動作量補語＋（目的語）

| 125 |

我坐过两次船。　　　Wǒ zuòguo liǎng cì chuán.

请再读一遍。　　　　Qǐng zài dú yí biàn.

这个药一次吃两片。　Zhège yào yí cì chī liǎng piàn.

▶ 動作量補語は動作の回数を表す。常用量詞は "次" と "遍"。

3 お金の言い方

| 126 |

話し言葉	块 kuài	毛 máo	分 fēn
書き言葉	元 yuán	角 jiǎo	分 fēn

羊肉多少钱一公斤?　　　　　Yáng ròu duōshao qián yì gōngjīn?

两条鱼十八块三毛五（分）。　Liǎng tiáo yú shíbā kuài sān máo wǔ (fēn).

▶ 1元／块＝10角／毛　　1角／毛＝10分
▶ 金額の後に "钱" をつけることもある。

　　十个鸡蛋八块钱。　Shí ge jīdàn bā kuài qián.

一 空欄の中に入る語をA〜Dから選びなさい。

A 过	B 次	C 钱	D 块
guo	cì	qián	kuài

① 这条鱼九（　　　　）八一条。
Zhè tiáo yú jiǔ（　　　　）bā yì tiáo.

② 我没学（　　　　）气功。
Wǒ méi xué（　　　　）qìgōng.

③ 你去过中国吗？　——去过，去过两（　　　　）。
Nǐ qùguo Zhōngguó ma?　——Qùguo, qùguo liǎng（　　　　）.

二 文の内容と一致する写真をA〜Dから選びなさい。

A　B　C　D

① 你吃过羊肉吗？
Nǐ chīguo yáng ròu ma?

② 这些鸡蛋多少钱？
Zhèxiē jīdàn duōshao qián?

③ 我去过两次北京。
Wǒ qùguo liǎng cì Běijīng.

三 組み合わせて会話として成立する文をA〜Cから選びなさい。

① 你去过北京吗？
Nǐ qùguo Běijīng ma?

A 十块钱十个。
Shí kuài qián shí ge.

② 鸡蛋怎么卖？
Jīdàn zěnme mài?

B 看过，看过两次。
Kànguo, kànguo liǎng cì.

③ 你看过那个电影吗？
Nǐ kànguo nàge diànyǐng ma?

C 没去过。
Méi qùguo.

🔊 127 一 音声を聞き、写真と一致する語句を下に書き取りなさい。

A　　　　　　　　　B　　　　　　　　　C　　　　　　　　　D

〔　　　　　　　〕〔　　　　　　　〕〔　　　　　　　〕〔　　　　　　　〕

🔊 128 二 音声を聞き、内容と一致する写真を A～D から選びなさい。

A　　　　　　　　　B　　　　　　　　　C　　　　　　　　　D

❶ _____

❷ _____

❸ _____

🔊 129 三 音声を聞き、問いに対する適切な答えを A～C から選びなさい。

❶ A 十五块　　　　B 五块　　　　　　C 八块
　　shíwǔ kuài　　　wǔ kuài　　　　　bā kuài

❷ A 看过　　　　　B 没看过　　　　　C 看过两遍
　　kànguo　　　　méi kànguo　　　　kànguo liǎng biàn

❸ A 一次　　　　　B 两次　　　　　　C 三次
　　yí cì　　　　　liǎng cì　　　　　sān cì

12

第 13 課

130

●授業が終って、バイトに急ぐ田雨くん。

小林： 你 在 哪儿 打工？
Nǐ zài nǎr dǎgōng?

田雨： 在 超市 打工。
Zài chāoshì dǎgōng.

小林： 超市 离 学校 远 不 远？
Chāoshì lí xuéxiào yuǎn bu yuǎn?

田雨： 不 远， 坐 公共 汽车 只 要 十 分钟。
Bù yuǎn, zuò gōnggòng qìchē zhǐ yào shí fēnzhōng.

小林： 一 个 星期 去 几 天？
Yí ge xīngqī qù jǐ tiān?

田雨： 三 天， 从 晚上 六 点 到 十 点， 干 四 个 小时。
Sān tiān, cóng wǎnshang liù diǎn dào shí diǎn, gàn sì ge xiǎoshí.

131

単語

1	打工	dǎgōng	動 アルバイトをする	13	休息	xiūxi	動 休む
2	超市	chāoshì	名 スーパーマーケット	14	一会儿	yíhuìr	（時間的）ちょっと
3	离〜	lí	前 〜から。まで	15	住	zhù	動 住む。泊まる
4	远	yuǎn	形 遠い	16	多长时间	duō cháng shíjiān	どのくらいの時間
5	要	yào	動 かかる				
6	〜分钟	fēnzhōng	量 〜分間	17	〜年	nián	量 〜年間
7	〜个星期	ge xīngqī	〜週間	18	准备	zhǔnbèi	動 準備する。〜するつもりである
8	〜天	tiān	量 〜日間				
9	从〜	cóng	前 〜から	19	开始	kāishǐ	動 始まる。始める
10	到〜	dào	前 〜まで	20	游泳	yóuyǒng	動 泳ぐ
11	〜个小时	〜ge xiǎoshí	〜時間	21	近	jìn	形 近い
12	累	lèi	形 疲れる	22	〜个月	ge yuè	〜か月間

🔊 132　1 時間量

一年 （1年間） yì nián	几年 （何年間） jǐ nián
两个月 （2か月間） liǎng ge yuè	几个月 （何か月間） jǐ ge yuè
三个星期 （3週間） sān ge xīngqī	几个星期 （何週間） jǐ ge xīngqī
四天 （4日間） sì tiān	几天 （何日間） jǐ tiān
五个小时 （5時間） wǔ ge xiǎoshí	几个小时 （何時間） jǐ ge xiǎoshí
六分钟 （6分間） liù fēnzhōng	几分钟 （何分間） jǐ fēnzhōng

🔊 133　2 時間量補語 ｜ 動詞＋時間量補語（＋目的語）

早上我打了半个小时篮球。　Zǎoshang wǒ dǎle bàn ge xiǎoshí lánqiú.

累不累？休息一会儿吧。　Lèi bu lèi? Xiūxi yíhuìr ba.

你在北京住了多长时间？　Nǐ zài Běijīng zhùle duō cháng shíjiān?

——住了两年。　　　　——Zhùle liǎng nián.

▶ 時間量補語は動作がかかる時間の長さを表す。動詞の後ろに置く。

▶ 年月日、曜日、時刻表現との違いに要注意。45頁、53頁を参照。

🔊 134　3 "从" "到" "离"

我准备从今天开始学游泳。　Wǒ zhǔnbèi cóng jīntiān kāishǐ xué yóuyǒng.

从我家到车站很近。　Cóng wǒ jiā dào chēzhàn hěn jìn.

我家离车站不远。　Wǒ jiā lí chēzhàn bù yuǎn.

离考试还有一个月。　Lí kǎoshì hái yǒu yí ge yuè.

▶ "从"は時間と場所の起点を表し、"到"は到達点を表す。

▶ "离"は二つの地点・時点の隔たりを表す。

一　空欄の中に入る語をA〜Dから選びなさい。

> A　小时　　B　时间　　C　从　　D　离
> 　　xiǎoshí　　shíjiān　　cóng　　lí

① 超市（　　　　　）这儿远不远？
Chāoshì（　　　　　）zhèr yuǎn bu yuǎn?

② （　　　　　　）你家到学校要多长时间？
（　　　　　　）nǐ jiā dào xuéxiào yào duō cháng shíjiān?

③ 你每天跑步吗？　——从去年开始每天跑一个（　　　　　）。
Nǐ měi tiān pǎobù ma?　——Cóng qùnián kāishǐ měi tiān pǎo yí ge（　　　　　）.

二　文の内容と一致する写真をA〜Dから選びなさい。

A　　　　　　　B　　　　　　　C　　　　　　　D

① 我每天学两个小时汉语。
Wǒ měi tiān xué liǎng ge xiǎoshí Hànyǔ.

② 我一个星期打三天工。
Wǒ yí ge xīngqī dǎ sān tiān gōng.

③ 今天我去游泳，游了三十分钟。
Jīntiān wǒ qù yóuyǒng, yóule sānshí fēnzhōng.

三　組み合わせて会話として成立する文をA〜Cから選びなさい。

① 你家离学校远不远？
Nǐ jiā lí xuéxiào yuǎn bu yuǎn?
　　　　A 从上午九点开始。
　　　　　Cóng shàngwǔ jiǔ diǎn kāishǐ.

② 你学了几年汉语？
Nǐ xuéle jǐ nián Hànyǔ?
　　　　B 不远。骑自行车只要十分钟。
　　　　　Bù yuǎn. Qí zìxíngchē zhǐ yào shí fēnzhōng.

③ 明天从几点开始考试？
Míngtiān cóng jǐ diǎn kāishǐ kǎoshì?
　　　　C 学了一年。
　　　　　Xuéle yì nián.

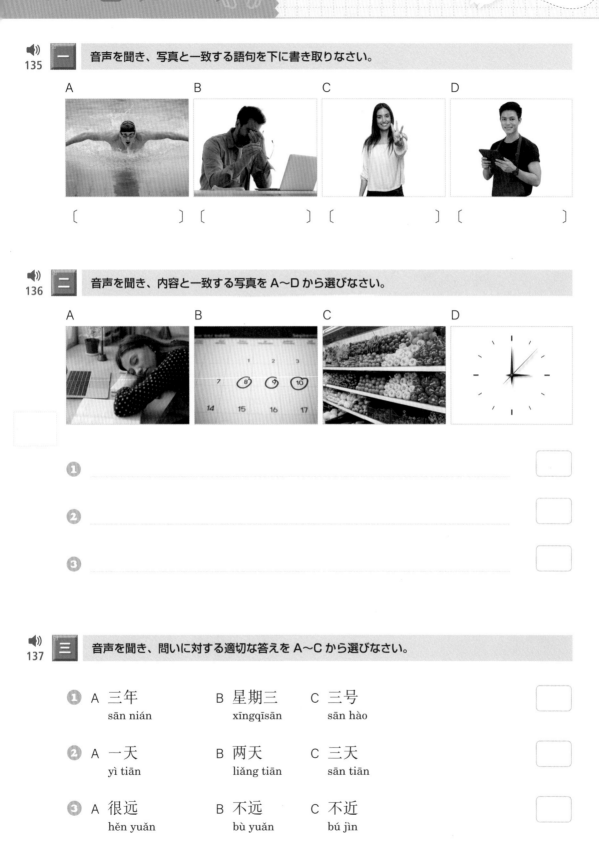

135 一 音声を聞き、写真と一致する語句を下に書き取りなさい。

A   B   C   D

〔   〕〔   〕〔   〕〔   〕

136 二 音声を聞き、内容と一致する写真を A〜D から選びなさい。

A   B   C   D

① _____

② _____

③ _____

137 三 音声を聞き、問いに対する適切な答えを A〜C から選びなさい。

① A 三年   B 星期三   C 三号
    sān nián   xīngqīsān   sān hào

② A 一天   B 两天   C 三天
    yì tiān   liǎng tiān   sān tiān

③ A 很远   B 不远   C 不近
    hěn yuǎn   bù yuǎn   bú jìn

13

第 14 課

🔊 ●田雨くんは小林さんの紹介でアメリカ人留学生のアンナさんと知り合った。

138

田雨: **你 会 说 汉语 啊!**
Nǐ huì shuō Hànyǔ a!

安娜: **会 说 一点儿。**
Ānnà: Huì shuō yìdiǎnr.

田雨: **能 用 汉语 发 短信 吗?**
Néng yòng Hànyǔ fā duǎnxìn ma?

安娜: **能, 简单 的 没 问题。**
Néng, jiǎndān de méi wèntí.

田雨: **那 我 可以 加 你 的 微信 吗?**
Nà wǒ kěyǐ jiā nǐ de wēixìn ma?

安娜: **当然 可以。**
Dāngrán kěyǐ.

🔊 单語 🐰

139

1	啊	a	助 感嘆の語気を表す		12	当然	dāngrán	形 当然である
2	安娜	Ānnà	名 アンナ (名)		13	跳舞	tiàowǔ	動 ダンスをする。踊る
3	会~	huì	助動 ~できる		14	开车	kāi chē	動 車を運転する
4	(一)点儿	(yì)diǎnr	少し		15	唱歌	chàng gē	動 歌を歌う
5	能~	néng	助動 ~できる		16	但是	dànshì	接 しかし
6	发	fā	動 送信する		17	小姐	xiǎojiě	名 ~さん (若い女性に対する敬称)
7	短信	duǎnxìn	名 ショートメール					
8	简单	jiǎndān	形 簡単である		18	用	yòng	動 使う
9	加	jiā	動 追加する		19	先生	xiānsheng	名 ~さん (男性に対する敬称)
10	微信	wēixìn	名 WeChat					
11	可以~	kěyǐ	助動 ~できる		20	照相	zhàoxiàng	動 写真を撮る

1 助動詞"会" ┃主語＋"会"＋動詞＋（目的語）

140

他会跳舞。　　Tā huì tiàowǔ.

我不会开车。　　Wǒ bú huì kāi chē.

▶"会"は技能を習得してできることを表す。

▶助動詞は動詞の前に置く。

　　○ 我会唱中国歌。　Wǒ huì chàng Zhōngguógē.

　　× 我会中国歌。　　Wǒ huì Zhōngguógē.

2 助動詞"能" ┃主語＋"能"＋動詞＋（目的語）

141

你能用汉语打电话吗？　　　　Nǐ néng yòng Hànyǔ dǎ diànhuà ma?

我会开车，但是今天不能开。　　Wǒ huì kāi chē, dànshì jīntiān bù néng kāi.

▶"能"は能力や条件が備わってできることを表す。

3 助動詞"可以" ┃主語＋"可以"＋動詞＋（目的語）

142

安娜小姐，我可以用这个电脑吗？　　Ānnà xiǎojiě, wǒ kěyǐ yòng zhège diànnǎo ma?

先生，这儿不能照相。　　　　　　　　Xiānsheng, zhèr bù néng zhàoxiàng.

▶"可以"は許可されてできることを表す。否定は"不能"。

一　空欄の中に入る語をA〜Dから選びなさい。

> A 能　　B 告诉　　C 跳舞　　D 可以
> 　 néng　　 gàosu　　　 tiàowǔ　　　 kěyǐ

1 她会不会（　　　　）？
Tā huì bu huì (　　　) ?

2 我可以（　　　　）他吗？
Wǒ kěyǐ (　　　) tā ma?

3 小林怎么还不来？　　—她生病了，今天不（　　　　）来了。
Xiǎolín zěnme hái bù lái?　　—Tā shēngbìng le, jīntiān bù (　　　) lái le.

二　文の内容と一致する写真をA〜Dから選びなさい。

A　　　　　B　　　　　C　　　　　D

1 没问题，下午我能去。　　　□
Méi wèntí, xiàwǔ wǒ néng qù.

2 弟弟会打篮球，不会踢足球。　　　□
Dìdi huì dǎ lánqiú, bú huì tī zúqiú.

3 姐姐生病了，不能去跳舞了。　　　□
Jiějie shēngbìng le, bù néng qù tiàowǔ le.

三　組み合わせて会話として成立する文をA〜Cから選びなさい。

1 你会唱中国歌吗？　　　□
Nǐ huì chàng Zhōngguógē ma?

A 对不起，这里不能照相。
Duìbuqǐ, zhèli bù néng zhàoxiàng.

2 先生，这里可以照相吗？　　　□
Xiānsheng, zhèli kěyǐ zhàoxiàng ma?

B 没问题，几点开始？
Méi wèntí, jǐ diǎn kāishǐ?

3 你明天能来吗？　　　□
Nǐ míngtiān néng lái ma?

C 不会唱，你教我吧。
Bú huì chàng, nǐ jiāo wǒ ba.

🔊 143 一 音声を聞き、写真と一致する語句を下に書き取りなさい。

A B C D

〔　　　　　　　〕〔　　　　　　　〕〔　　　　　　　〕〔　　　　　　　〕

🔊 144 二 音声を聞き、内容と一致する写真を A〜D から選びなさい。

A B C D

① _____ ☐

② _____ ☐

③ _____ ☐

🔊 145 三 音声を聞き、問いに対する適切な答えを A〜C から選びなさい。

① A 想跟老师跳舞
xiǎng gēn lǎoshī tiàowǔ
B 想问一个问题
xiǎng wèn yí ge wèntí
C 想学中国歌
xiǎng xué Zhōngguógē
☐

② A 不能说
bù néng shuō
B 不会说
bú huì shuō
C 会说一点儿
huì shuō yìdiǎnr
☐

③ A 加微信了
jiā wēixìn le
B 发短信了
fā duǎnxìn le
C 打电话了
dǎ diànhuà le
☐

14

71

第 15 課

146 ●小林さんは彼氏の写真を田雨くんに見せる。

田雨：
你　跟　男朋友　是　在　哪儿　认识　的？
Nǐ　gēn　nánpéngyou　shì　zài　nǎr　rènshi　de?

小林：
在　飞机上　认识　的。
Zài　fēijīshang　rènshi　de.

田雨：
你们　俩　谁　大？
Nǐmen　liǎ　shéi　dà?

小林：
他　比　我　大　两　岁。
Tā　bǐ　wǒ　dà　liǎng　suì.

田雨：
他　也　会　说　汉语　吗？
Tā　yě　huì　shuō　Hànyǔ　ma?

小林：
会　说，说　得　比　我　好。
Huì　shuō,　shuō　de　bǐ　wǒ　hǎo.

147 単語

1	男朋友	nánpéngyou	名 彼氏
2	认识	rènshi	動 知り合う
3	飞机	fēijī	名 飛行機
4	俩	liǎ	数 二人
5	大	dà	形 年上である
6	比～	bǐ	前 ～より
7	～得…	de	助 ～するのが…である
8	热	rè	形 暑い
9	觉得	juéde	動 思う。感じる

10	东京	Dōngjīng	名 東京
11	冷	lěng	形 寒い
12	贵	guì	形 (値段が) 高い
13	小	xiǎo	形 年下である
14	知道	zhīdao	動 知っている
15	玩	wán	動 遊ぶ
16	女朋友	nǚpéngyou	名 ガールフレンド
17	回答	huídá	動 答える
18	歌	gē	名 歌

◀)) 148 **1** 比較の表現 ┃ A"比"B＋形容詞　AはBより〜である

今天比昨天热。　　　　　Jīntiān bǐ zuótiān rè.

我觉得东京没有北京冷。　Wǒ juéde Dōngjīng méiyǒu Běijīng lěng.

这个比那个贵五块。　　　Zhège bǐ nàge guì wǔ kuài.

▶ 比較を表す"比"は比較するものの間に置く。比較の差の量は形容詞の後に置く。
▶ 比較文の場合、形容詞の前には"很"ではなく"还"を用いて程度を表す。
　　她比我还小。　　Tā bǐ wǒ hái xiǎo.

◀)) 149 **2** "是〜的"構文

你是什么时候知道的？　Nǐ shì shénme shíhou zhīdao de?

——我是昨天知道的。　——Wǒ shì zuótiān zhīdao de.

你几点睡的？　　　　　Nǐ jǐ diǎn shuì de?

——十二点睡的。　　　——Shí'èr diǎn shuì de.

她不是从北京来的。　　Tā bú shì cóng Běijīng lái de.

▶ すでに行われたことについて時間・場所・人・方法などを確認、強調する場合に使う。
▶ "是"は省略できるが、否定文では省略できない。

◀)) 150 **3** 様態補語 ┃ 主語＋動詞＋"得"＋様態補語（形容詞）

我和同学们都玩儿得很高兴。　Wǒ hé tóngxuémen dōu wánr de hěn gāoxìng.

我女朋友回答得怎么样？　　　Wǒ nǚpéngyou huídá de zěnmeyàng?

▶ 様態補語は動詞の後に置かれ、動作の様態を描写・評価する。
▶ 否定の場合は"得"の後に"不"を用いる。
▶ 目的語が伴う場合、動詞を繰り返す。一つ目の動詞を省くことも可。
　　她（唱）歌唱得很好。　　Tā (chàng) gē chàng de hěn hǎo.

15

一 空欄の中に入る語をA〜Dから選びなさい。

A 没有　　B 的　　C 大　　D 得
　méiyǒu　　de　　dà　　de

❶ 是谁告诉你（　　　　）?
Shì shéi gàosu nǐ (　　　　)?

❷ 今天（　　　　）昨天热。
Jīntiān (　　　　) zuótiān rè.

❸ 老师，我回答（　　　　）对不对? ——回答得很对。
Lǎoshī, wǒ huídá (　　　) duì bu duì? ——Huídá de hěn duì.

二 文の内容と一致する写真をA〜Dから選びなさい。

A　　　　B　　　　C　　　　D

❶ 今天比昨天还冷。
Jīntiān bǐ zuótiān hái lěng.

❷ 我妈妈做菜做得很好吃。
Wǒ māma zuò cài zuò de hěn hǎochī.

❸ 我是坐公共汽车来的。
Wǒ shì zuò gōnggòng qìchē lái de.

三 組み合わせて会話として成立する文をA〜Cから選びなさい。

❶ 东京热不热?
Dōngjīng rè bu rè?

A 唱得比我好。
　Chàng de bǐ wǒ hǎo.

❷ 我唱得怎么样?
Wǒ chàng de zěnmeyàng?

B 没有北京热。
　Méiyǒu Běijīng rè.

❸ 你是从哪儿来的?
Nǐ shì cóng nǎr lái de?

C 我是从日本来的，我是日本留学生。
　Wǒ shì cóng Rìběn lái de, wǒ shì Rìběn liúxuéshēng.

151　一　音声を聞き、写真と一致する語句を下に書き取りなさい。

A　　　　　　　B　　　　　　　C　　　　　　　D

〔　　　　　　　〕〔　　　　　　　　　〕〔　　　　　　　　　〕〔　　　　　　　　　〕

15

152　二　音声を聞き、内容と一致する写真を A〜D から選びなさい。

A　　　　　　　B　　　　　　　C　　　　　　　D

❶ ＿＿＿＿＿＿＿＿＿＿＿＿＿＿＿＿＿＿＿＿＿　［　　］

❷ ＿＿＿＿＿＿＿＿＿＿＿＿＿＿＿＿＿＿＿＿＿　［　　］

❸ ＿＿＿＿＿＿＿＿＿＿＿＿＿＿＿＿＿＿＿＿＿　［　　］

153　三　音声を聞き、問いに対する適切な答えを A〜C から選びなさい。

❶ A 很累　　　　　B 很忙　　　　　C 很高兴　　　　　［　　］
　　 hěn lèi　　　　　hěn máng　　　　hěn gāoxìng

❷ A 八点来　　　　B 八点来的　　　C 八点来吧　　　　［　　］
　　 bā diǎn lái　　　bā diǎn lái de　　bā diǎn lái ba

❸ A 两块钱　　　　B 五块钱　　　　C 七块钱　　　　　［　　］
　　 liǎng kuài qián　 wǔ kuài qián　　qī kuài qián

75

第 16 課

🔊 154 ●学内の講演会を終えて会場から出てきた田雨くんと小林さん。

田雨： 快 五 点 了, 我 得 走 了。
Kuài wǔ diǎn le, wǒ děi zǒu le.

小林： 你 要 回 教室 去 吗?
Nǐ yào huí jiàoshì qu ma?

田雨： 不, 我 去 机场 接 一 个 朋友。
Bù, wǒ qù jīchǎng jiē yí ge péngyou.

小林： 外边 下着 雨 呢。
Wàibian xiàzhe yǔ ne.

田雨： 不要紧, 我 有 雨伞。
Búyàojǐn, wǒ yǒu yǔsǎn.

小林： 那, 路上 小心。
Nà, lùshang xiǎoxīn.

🔊 155 単語 🐰

1	快～了	kuài~le	まもなく～
2	得～	děi	助動 ～しなければならない
3	走	zǒu	動 歩く。行く
4	回去	huíqu	動 帰っていく。戻っていく
5	机场	jīchǎng	名 空港
6	接	jiē	動 迎える
7	下雨	xià yǔ	動 雨が降る
8	～着	zhe	助 ～している
9	不要紧	búyàojǐn	大丈夫である
10	雨伞	yǔsǎn	名 傘
11	路上	lùshang	名 道路。道中

12	小心	xiǎoxīn	形 気を付ける
13	上课	shàngkè	動 授業をする / 受ける
14	放假	fàngjià	動 休みになる
15	进来	jìnlai	動 入ってくる
16	笑	xiào	動 笑う
17	起来	qǐlai	動 起きる。～し始める
18	进去	jìnqu	動 入っていく
19	穿	chuān	動 着る。履く
20	门	mén	名 ドア
21	开	kāi	動 開く。運転する
22	回来	huílai	動 帰ってくる

1 "快～了" │ まもなく～、もうすぐ～

🔊 156

快上课了。　　　　Kuài shàngkè le.

快中午了。　　　　Kuài zhōngwǔ le.

▶ "快～了"は近いうちに起こることを表す。

▶ "快～了"の"～"には、動詞（句）、名詞、数量詞などが入る。"快～了"と類似の表現として"要～了"、
"快要～了"もある。

　　快（要）放假了。

2 方向補語 │ ～してくる/いく

🔊 157

	上 shàng （上がる）	下 xià （下りる）	进 jìn （入る）	出 chū （出る）	回 huí （戻る）	过 guò （過ぎる）	起 qǐ （起きる）
来 lái	上来 shànglai	下来 xiàlai	进来 jìnlai	出来 chūlai	回来 huílai	过来 guòlai	起来 qǐlai
去 qù	上去 shàngqu	下去 xiàqu	进去 jìnqu	出去 chūqu	回去 huíqu	过去 guòqu	

我买来了。　　　　　Wǒ mǎilai le.

他进来了。　　　　　Tā jìnlai le.

我们都笑起来了。　　Wǒmen dōu xiàoqǐlai le.

老师进教室去了。　　Lǎoshī jìn jiàoshì qu le.

▶ 方向補語は動詞の後ろについて、動作の進行方向を表す。

▶ 場所を表す目的語は"来""去"の前に置く。モノを表す目的語は前も後ろも可。

3 持続を表す"着" │ ～している/～してある

🔊 158

姐姐今天穿着一条新裙子。　　Jiějie jīntiān chuānzhe yì tiáo xīn qúnzi.

门开着呢，进来吧。　　　　　Mén kāizhe ne, jìnlai ba.

▶ "着"は動詞の後に置き、動作や状態の持続を表す。

▶ 否定の場合は動詞の前に"没（有）"を置く。

▶ 連動文の形で動作が行われる方式を表すことができる。

　　我们是跑着回来的。　　Wǒmen shì pǎozhe huílai de.

16

一　空欄の中に入る語をA〜Dから選びなさい。

A 回来	B 下雨	C 回	D 着
huílai	xià yǔ	huí	zhe

1 你昨天是几点（　　　）的？

Nǐ zuótiān shì jǐ diǎn (　　　) de?

2 她今天穿（　　　）一件新毛衣。

Tā jīntiān chuān (　　　) yí jiàn xīn máoyī.

3 快（　　　）了，你快回家吧。　　——不要紧，我有雨伞。

Kuài (　　　) le, nǐ kuài huí jiā ba.　　——Búyàojǐn, wǒ yǒu yǔsǎn.

二　文の内容と一致する写真を A〜D から選びなさい。

A　　　　　　B　　　　　　C　　　　　　D

1 他们是一起回去的。

Tāmen shì yìqǐ huíqu de.

2 孩子们笑着跑进房间来了。

Háizimen xiàozhe pǎojin fángjiān lai le.

3 快十二点了，去吃饭吧。

Kuài shí'èr diǎn le, qù chī fàn ba.

三　組み合わせて会話として成立する文をA〜Cから選びなさい。

1 快要放假了，你想去哪儿玩儿？

Kuàiyào fàngjià le, nǐ xiǎng qù nǎr wánr?

A 那个穿着裙子的。

Nàge chuānzhe qúnzi de.

2 你是几点回来的？

Nǐ shì jǐ diǎn huílai de?

B 下午五点回来的。

Xiàwǔ wǔ diǎn huílai de.

3 哪个是你姐姐？

Nǎge shì nǐ jiějie?

C 我想去北京。

Wǒ xiǎng qù Běijīng.

159 一 音声を聞き、写真と一致する語句を下に書き取りなさい。

A　B　C　D

〔　　　　　〕〔　　　　　〕〔　　　　　〕〔　　　　　〕

160 二 音声を聞き、内容と一致する写真を A〜D から選びなさい。

A　B　C　D

❶ _____

❷ _____

❸ _____

161 三 音声を聞き、問いに対する適切な答えを A〜C から選びなさい。

❶ A 还没上课　B 上课了　C 不上课
　　hái méi shàngkè　shàngkè le　bú shàngkè

❷ A 坐车来的　B 走着来的　C 骑自行车来的
　　zuò chē lái de　zǒuzhe lái de　qí zìxíngchē lái de

❸ A 进房间　B 回家　C 回教室
　　jìn fángjiān　huí jiā　huí jiàoshì

第 17 課

162

●田雨くんは小林さんから今話題の漫画を借りたかったが…

田雨： 你 把 漫画 借给 谁 了？
Nǐ bǎ mànhuà jiègěi shéi le?

小林： 借给 我 朋友 了。
Jiègěi wǒ péngyou le.

田雨： 她 还 没 看完 吗？
Tā hái méi kànwán ma?

小林： 刚 借走，可能 还 没 看完 吧。
Gāng jièzǒu, kěnéng hái méi kànwán ba.

田雨： 我 也 想 看看。
Wǒ yě xiǎng kànkan.

小林： 那 我 让 她 快 点儿 看。
Nà wǒ ràng tā kuài diǎnr kàn.

単語

163

1	把～	bǎ	前 ～を…する	11	错	cuò	動 間違える
2	漫画	mànhuà	名 漫画	12	看见	kànjiàn	動 見える
3	借	jiè	動 借りる。貸す	13	听见	tīngjiàn	動 聞こえる
4	完	wán	動 終える	14	听	tīng	動 聞く
5	刚	gāng	副 ～たばかり	15	懂	dǒng	動 わかる
6	可能	kěnéng	助動 たぶん。～かもしれない	16	服务员	fúwùyuán	名 店員。ウェイター
7	让～	ràng	動 ～させる	17	已经	yǐjīng	副 すでに
8	洗	xǐ	動 洗う	18	送	sòng	動 送る
9	找	zhǎo	動 探す。訪ねる	19	练习	liànxí	動 練習する
10	到	dào	動 到達する				

164 **1** 結果補語 │主語＋動詞＋結果補語

吃完（食べ終える）　　洗好（ちゃんと洗う）　　找到（見つかる）
chīwán　　　　　　　xǐhǎo　　　　　　　　zhǎodào

说错（言い間違える）　看见（見える）　　　　听见（聞こえる）
shuōcuò　　　　　　　kànjiàn　　　　　　　tīngjiàn

我看完漫画了。　　Wǒ kànwán mànhuà le.

你听懂了吗？　　　Nǐ tīngdǒng le ma?

——没听懂。　　　——Méi tīngdǒng.

▶ 結果補語は動作の結果を補足説明する。

▶ 否定の場合は"没（有）"を動詞の前に置く。

165 **2** 処置を表す"把" │主語＋"把"＋目的語＋動詞＋α　〜を

服务员已经把报纸送来了。　Fúwùyuán yǐjīng bǎ bàozhǐ sònglai le.

我没把书借给他。　　　　　Wǒ méi bǎ shū jiègěi tā.

▶ "把"構文の動詞には結果補語など処置の結果を表す付加成分が必要。

166 **3** 使役を表す"让" │主語＋"让"＋人＋動詞　〜（人）に…させる

老师让我们做练习题。　Lǎoshī ràng wǒmen zuò liànxí tí.

妈妈不让弟弟看电视。　Māma bú ràng dìdi kàn diànshì.

▶ 否定の場合は"不"や"没"を"让"の前に置く。

17

一　空欄の中に入る語をA～Dから選びなさい。

> A 听见　　B 完　　C 到　　D 让
> 　tīngjiàn　　wán　　dào　　ràng

1. 你的手机还没找（　　　）吗？
   Nǐ de shǒujī hái méi zhǎo（　　　）ma?

2. 请再说一遍，我没（　　　）。
   Qǐng zài shuō yí biàn, wǒ méi（　　　）.

3. 我做完练习题了。　　—（　　　）我看看。
   Wǒ zuòwán liànxí tí le.　　—（　　　）wǒ kànkan.

二　文の内容と一致する写真をA～Dから選びなさい。

A　　　　　　B　　　　　　C　　　　　　D

1. 我把衣服都洗好了。　　[　　]
   Wǒ bǎ yīfu dōu xǐhǎo le.

2. 老师让我们做练习题。　　[　　]
   Lǎoshī ràng wǒmen zuò liànxí tí.

3. 我没买到鱼。　　[　　]
   Wǒ méi mǎidào yú.

三　組み合わせて会話として成立する文をA～Cから選びなさい。

1. 你听懂了吗？　　[　　]　　A 买回来了。
   Nǐ tīngdǒng le ma?　　　　　　Mǎi huílai le.

2. 你把书借给谁了？　　[　　]　　B 这个题没听懂。
   Nǐ bǎ shū jiègěi shéi le?　　　　Zhège tí méi tīngdǒng.

3. 妈妈让你买水果，你买了吗？　　[　　]　　C 借给我朋友了。
   Māma ràng nǐ mǎi shuǐguǒ, nǐ mǎile ma?　　　　Jiègěi wǒ péngyou le.

🔊
167

一　音声を聞き、写真と一致する語句を下に書き取りなさい。

A　　　　　　　　B　　　　　　　　C　　　　　　　　D

〔　　　　　　　〕〔　　　　　　　〕〔　　　　　　　〕〔　　　　　　　〕

🔊
168

二　音声を聞き、内容と一致する写真を A～D から選びなさい。

A　　　　　　　　B　　　　　　　　C　　　　　　　　D

① _____　▢

② _____　▢

③ _____　▢

🔊
169

三　音声を聞き、問いに対する適切な答えを A～C から選びなさい。

① A 做完了　　　　B 还没做　　　　C 还没做完　　　▢
　　zuòwán le　　　hái méi zuò　　　hái méi zuòwán

② A 找了　　　　　B 找到了　　　　C 没找到　　　　▢
　　zhǎole　　　　zhǎodào le　　　méi zhǎodào

③ A 买羊肉　　　　B 洗衣服　　　　C 做好吃的　　　▢
　　mǎi yáng ròu　xǐ yīfu　　　　zuò hǎochī de

83

第 18 課

🔊 ●宿題で苦戦する小林さん。
170

田雨: **你 在 干 什么 呢?**
Nǐ zài gàn shénme ne?

小林: **做 作业 呢。你 看, 这些 都 是 今天 的 作业。**
Zuò zuòyè ne. Nǐ kàn, zhèxiē dōu shì jīntiān de zuòyè.

田雨: **这么 多 啊! 今天 做得完 吗?**
Zhème duō a! Jīntiān zuòdewán ma?

小林: **没 问题, 做得完。**
Méi wèntí, zuòdewán.

田雨: **那 你 要 注意 身体, 别 太 晚 了。**
Nà nǐ yào zhùyì shēntǐ, bié tài wǎn le.

小林: **谢谢 你 的 关心。**
Xièxie nǐ de guānxīn.

🔊 単語 🐰
171

1	在~	zài	副 ~している
2	~呢	ne	助 ~している
3	做作业	zuò zuòyè	宿題をする
4	这么	zhème	代 こんなに
5	注意	zhùyì	動 気をつける
6	别~	bié	副 ~するな
7	太~了	tài~le	とても~である。~すぎる
8	晚	wǎn	形 遅い
9	关心	guānxīn	動 気にかける
10	猫	māo	名 猫
11	如果~	rúguǒ	接 もし~ならば
12	晴天	qíngtiān	名 晴れた日
13	富士山	Fùshìshān	名 富士山
14	意思	yìsi	名 意味
15	客气	kèqi	動 遠慮する
16	大家	dàjiā	名 みんな
17	不要~	búyào	助動 ~するな
18	铅笔	qiānbǐ	名 鉛筆
19	天	tiān	名 空。天気
20	阴	yīn	形 曇る

84

🔊 172 ┃1┃ 進行を表す副詞 "在" ┃主語＋"在"＋動詞（＋"呢"） 〜している

他们在打篮球。　　Tāmen zài dǎ lánqiú.

我跟小猫玩儿呢。　　Wǒ gēn xiǎo māo wánr ne.

▶ "在"と"呢"は併用することも、どちらか一方だけ使うこともできる。

🔊 173 ┃2┃ 可能補語 ┃主語＋動詞＋"得／不"＋補語

做得完 （やり終えられる）　　　　做不完 （やり終えられない）
zuòdewán　　　　　　　　　　zuòbuwán

听得懂 （聞いて理解できる）　　　听不懂 （聞いて理解できない）
tīngdedǒng　　　　　　　　　tīngbudǒng

进得来 （入ってこられる）　　　　进不去 （入ってこられない）
jìndelái　　　　　　　　　　　jìnbuqù

如果是晴天，从这里看得见富士山。
Rúguǒ shì qíngtiān, cóng zhèli kàndejiàn Fùshìshān.

我听不懂你说的意思。　　Wǒ tīngbudǒng nǐ shuō de yìsi.

▶ 動詞と結果補語／方向補語の間に"得／不"を入れると可能補語になる。

🔊 174 ┃3┃ 禁止を表す "别" と "不要"

别客气。　Bié kèqi.

大家不要用铅笔写。　　Dàjiā búyào yòng qiānbǐ xiě.

▶ "别"と"不要"は動詞の前に置き、「するな」という意味を表す。
▶ 相手がしている（しようとしている）動作を止めるようにいう場合、"别〜了"、"不要〜了"で表す。
　　天阴了，要下雨了，别出去了。　　Tiān yīn le, yào xià yǔ le, bié chūqu le.

一 空欄の中に入る語をA～Dから選びなさい。

> A 在　　B 的　　C 得　　D 说话
> 　zài　　　de　　　de　　　shuōhuà

❶ 我（　　　　）看漫画呢。
Wǒ（　　　　）kàn mànhuà ne.

❷ 上课了，别（　　　　）！
Shàngkè le, bié（　　　　）!

❸ 这么多菜，吃（　　　　）完吗？　—吃得完。
Zhème duō cài, chī（　　　　）wán ma?　—Chīdewán.

二 文の内容と一致する写真を A～D から選びなさい。

A
B
C
D

❶ 同学们在打篮球。
Tóngxuémen zài dǎ lánqiú.
　　　　　［　　　］

❷ 从这里看得见富士山吗？
Cóng zhèli kàndejiàn Fùshìshān ma?
　　　　　［　　　］

❸ 别客气，请喝茶。
Bié kèqi, qǐng hē chá.
　　　　　［　　　］

三 組み合わせて会話として成立する文をA～Cから選びなさい。

❶ 你看得懂中国电影吗？
Nǐ kàndedǒng Zhōngguó diànyǐng ma?
　　　　　［　　　］

A 看得懂，但是听不懂。
Kàndedǒng, dànshì tīngbudǒng.

❷ 别看电视了，快做作业吧。
Bié kàn diànshì le, kài zuò zuòyè ba.
　　　　　［　　　］

B 我也听不见。
Wǒ yě tīngbujiàn.

❸ 他说什么呢？我听不见。
Tā shuō shénme ne? Wǒ tīngbujiàn.
　　　　　［　　　］

C 让我再看一会儿吧。
Ràng wǒ zài kàn yíhuìr ba.

86

◀)) 175

一 音声を聞き、写真と一致する語句を下に書き取りなさい。

A 　　　　　　　　　B 　　　　　　　　　C 　　　　　　　　　D

〔　　　　　　　　〕〔　　　　　　　　〕〔　　　　　　　　〕〔　　　　　　　　〕

◀)) 176

二 音声を聞き、内容と一致する写真を A〜D から選びなさい。

A 　　　　　　　　　B 　　　　　　　　　C 　　　　　　　　　D

❶ _____

❷ _____

❸ _____

◀)) 177

三 音声を聞き、問いに対する適切な答えを A〜C から選びなさい。

❶ A 不回来 　　　　B 回得来 　　　　C 回不来
　　 bù huílai 　　　　huídelái 　　　　huíbulái

❷ A 六点半 　　　　B 七点 　　　　C 七点半
　　 liù diǎn bàn 　　　qī diǎn 　　　qī diǎn bàn

❸ A 在学校 　　　　B 踢足球 　　　　C 做作业
　　 zài xuéxiào 　　　tī zúqiú 　　　zuò zuòyè

🔊 178 ●迷子になった小林さんと田雨くんは信号のところで足を止めた。

小林： **我们 应该 往 哪儿 走?**
Wǒmen yīnggāi wǎng nǎr zǒu?

田雨： **对不起， 我 对 这儿 也 不 太 熟悉。**
Duìbuqǐ, wǒ duì zhèr yě bú tài shúxi.

小林： **没 关系， 我 查 一下 地图。**
Méi guānxi, wǒ chá yíxià dìtú.

田雨： **查到 了 吗? 往 左 走 还是 往 右 走?**
Chádào le ma? Wǎng zuǒ zǒu háishi wǎng yòu zǒu?

小林： **往 右， 再 走 五 分钟 就 到 了。**
Wǎng yòu, zài zǒu wǔ fēnzhōng jiù dào le.

田雨： **那 不 远 了， 我们 走 吧。**
Nà bù yuǎn le, wǒmen zǒu ba.

🔊 179 单語 🐰

1	应该	yīnggāi	助動 ～すべきである	11	左	zuǒ	名 左
2	往～	wǎng	前 ～へ	12	右	yòu	名 右
3	对～	duì	前 ～に対して	13	～就…	jiù	副 ～するとすぐに…
4	不太～	bú tài	あまり～ではない	14	英语	Yīngyǔ	名 英語
5	熟悉	shúxi	形 詳しい	15	热情	rèqíng	形 親切である
6	没关系	méi guānxi	かまいません	16	帮助	bāngzhù	動 助ける
7	查	chá	動 調べる	17	牛奶	niúnǎi	名 牛乳
8	一下	yíxià	ちょっと～する	18	跑	pǎo	動 走る
9	地图	dìtú	名 地図	19	快	kuài	形 速い
10	还是	háishi	接 それとも				

19

180

1　前置詞"往" ┃ "往"＋方向＋動詞　～へ

往右看。　　　Wǎng yòu kàn.

请往前走。　　Qǐng wǎng qián zǒu.

▶ "往"は動作が向かう方向を表す。

181

2　前置詞"对" ┃ 主語＋"对"＋対象＋動詞／形容詞　～に対して

英语老师对我们很热情。　　Yīngyǔ lǎoshī duì wǒmen hěn rèqíng.

这对我们很有帮助。　　　　Zhè duì wǒmen hěn yǒu bāngzhù.

▶ "对"は動作が向けられる相手・対象を表す。

182

3　選択疑問文"还是" ┃ (是) A "还是" B　A か、それとも B か

你喝咖啡，还是喝牛奶？　　Nǐ hē kāfēi, háishi hē niúnǎi?

你跑得快，还是他跑得快？　Nǐ pǎo de kuài, háishi tā pǎo de kuài?

▶ "还是"の前後の動詞が同じ場合、後の動詞は省略できる。

一　空欄の中に入る語をA～Dから選びなさい。

A 对　dùi　　B 往　wǎng　　C 还是　háishi　　D 给　gěi

① 我们要（　　　）前看。
Wǒmen yào (　　) qián kàn.

② 他用汉语（　　　）我说："谢谢！"。
Tā yòng Hànyǔ (　　) wǒ shuō: "Xièxie!".

③ 你坐飞机去（　　　）坐船去？　——坐飞机去，坐船回来。
Nǐ zuò fēijī qù (　　) zuò chuán qù?　——Zuò fēijī qù, zuò chuán huílai.

二　文の内容と一致する写真をA～Dから選びなさい。

A 　B　C 　D

① 你往那儿看，看见了吗？
Nǐ wǎng nàr kàn, kànjiàn le ma?

② 您要喝什么？ 咖啡还是红茶？
Nín yào hē shénme? Kāfēi háishi hóngchá?

③ 你对这个问题怎么看？
Nǐ duì zhège wèntí zěnme kàn?

三　組み合わせて会話として成立する文をA～Cから選びなさい。

① 老师对你们怎么样？
Lǎoshī duì nǐmen zěnmeyàng?

A 在那儿呢，你往那边看。
Zài nàr ne, nǐ wǎng nàbian kàn.

② 他在哪儿呢？
Tā zài nǎr ne?

B 我都喜欢。
Wǒ dōu xǐhuan.

③ 你喜欢打篮球还是踢足球？
Nǐ xǐhuan dǎ lánqiú háishi tī zúqiú?

C 对我们很热情。
Duì wǒmen hěn rèqíng.

ドリル 2 リスニング　　听力

🔊 183
一 音声を聞き、写真と一致する語句を下に書き取りなさい。

A　　　　　B　　　　　C　　　　　D

〔　　　　　〕 〔　　　　　〕 〔　　　　　〕 〔　　　　　〕

🔊 184
二 音声を聞き、内容と一致する写真を A～D から選びなさい。

A　　　　　B　　　　　C　　　　　D

❶ _____ 　□

❷ _____ 　□

❸ _____ 　□

🔊 185
三 音声を聞き、問いに対する適切な答えを A～C から選びなさい。

❶ A 咖啡　　　　B 红茶　　　　C 牛奶
　　kāfēi　　　　　hóngchá　　　　niúnǎi

❷ A 很热情　　　B 不熟悉　　　C 有帮助
　　hěn rèqíng　　bù shúxi　　　yǒu bāngzhù

❸ A 左边　　　　B 右边　　　　C 前边
　　zuǒbian　　　yòubian　　　qiánbian

第 20 課

186

● 日本にいる鈴木さんが中国に留学中の先輩である小林さんに電話をかけてきた。

鈴木: 寒假 我 想 去 中国 旅游。
Língmù: Hánjià wǒ xiǎng qù Zhōngguó lǚyóu.

小林: 你 怎么 想 来 中国 旅游 了？
Nǐ zěnme xiǎng lái Zhōngguó lǚyóu le?

鈴木: 因为 学了 一 年 汉语，所以 想 去 看看。
Yīnwèi xuéle yì nián Hànyǔ, suǒyǐ xiǎng qù kànkan.

小林: 欢迎！ 我 也 正 想着 寒假 去 哪儿 玩儿 呢。
Huānyíng! Wǒ yě zhèng xiǎngzhe hánjià qù nǎr wánr ne.

鈴木: 你 都 去过 什么 地方？
Nǐ dōu qùguo shénme dìfang?

小林: 不 好 意思，我 哪儿 都 没 去过。
Bù hǎo yìsi, wǒ nǎr dōu méi qùguo.

鈴木: 那 我们 一起 在 中国 过 一 个 充实 的 寒假 吧。
Nà wǒmen yìqǐ zài Zhōngguó guò yí ge chōngshí de hánjià ba.

小林: 好， 一 言 为 定！
Hǎo, yì yán wéi dìng!

187 単語

1	寒假	hánjià	名 冬休み		11	充实	chōngshí	形 充実である
2	旅游	lǚyóu	動 旅行する		12	一言为定	yì yán wéi dìng	お決まりだ
3	因为	yīnwèi	接 ～なので		13	下雪	xià xuě	動 雪が降る
4	所以	suǒyǐ	接 だから～		14	早上	zǎoshang	名 朝
5	欢迎	huānyíng	動 歓迎する		15	运动	yùndòng	動 運動する
6	正	zhèng	副 ちょうど～ところである		16	为什么	wèi shénme	なぜ
7	地方	dìfang	名 ところ		17	好好儿	hǎohāor	副 しっかり。十分に
8	什么地方	shénme dìfang	どこ		18	饿	è	形 お腹が空いている
9	不好意思	bù hǎo yìsi	恥ずかしい		19	爱	ài	動 すきである。よく～する
10	过	guò	動 過ごす					

20

🔊 188 **1** "因为〜所以" ｜〜だから…

因为下雪了，所以早上没出去运动。
Yīnwèi xià xuě le, suǒyǐ zǎoshang méi chūqu yùndòng.

你为什么没去？
Nǐ wèi shénme méi qù?

——因为今天太忙了。
—— Yīnwèi jīntiān tài máng le.

➤ "因为〜所以"は因果関係を表す。文脈によって一方だけ使うこともできる。

🔊 189 **2** 疑問詞の不定用法 ｜〜（疑問詞）か

寒假我想好好儿休息几天。　　Hánjià wǒ xiǎng hǎohāor xiūxi jǐ tiān.
我饿了，想吃点儿什么。　　　Wǒ è le, xiǎng chī diǎnr shénme.

➤ この場合の疑問詞は疑問ではなく、不定の意味を表す。

🔊 190 **3** 疑問詞の任意用法 ｜疑問詞＋"都"＋動詞

我什么都爱吃。　　　Wǒ shénme dōu ài chī.
星期天我哪儿也不去。　　Xīngqītiān wǒ nǎr yě bú qù.

➤ 「疑問詞＋"都"」の形で任意のものすべてについて例外がないことを表す。
➤ 否定の場合、「疑問詞＋"都/也"＋"不/没"」。

一　空欄の中に入る語をA～Dから選びなさい。

> A 因为　　B 什么　　C 所以　　D 几
> 　yīnwèi　　shénme　　suǒyǐ　　jǐ

1 因为天气不好，（　　　　　）今天没去跑步。
Yīnwèi tiānqì bù hǎo, (　　　　) jīntiān méi qù pǎobù.

2 今天去书店买了（　　　　）本书。
Jīntiān qù shūdiàn mǎile (　　　　) běn shū.

3 你星期天干什么了？　—（　　　　）也没干，在家睡了一天。
Nǐ xīngqītiān gàn shénme le? — (　　　　) yě méi gàn, zài jiā shuìle yì tiān.

二　文の内容と一致する写真をA～Dから選びなさい。

A　　　　　　B　　　　　　C　　　　　　D

1 寒假我想去哪儿旅游。
Hánjià wǒ xiǎng qù nǎr lǚyóu.

2 因为下雪了，所以哪儿也没去。
Yīnwèi xià xuě le, suǒyǐ nǎr yě méi qù.

3 我朋友什么歌都爱听。
Wǒ péngyou shénme gē dōu ài tīng.

三　組み合わせて会話として成立する文をA～Cから選びなさい。

1 今天真冷，喝点儿什么热的吧。
Jīntiān zhēn lěng, hē diǎnr shénme rè de ba.
　　A 因为太贵了。
　　Yīnwèi tài guì le.

2 你为什么不买？
Nǐ wèi shénme bù mǎi?
　　B 那什么时候一起去吃吧。
　　Nà shénme shíhou yìqǐ qù chī ba.

3 那个饭馆菜很好吃。
Nàge fànguǎn cài hěn hǎochī.
　　C 好，你想喝热咖啡，还是热茶？
　　Hǎo, nǐ xiǎng hē rè kāfēi, háishi rè chá?

门	mén	76
米饭	mǐfàn	24
名字	míngzi	20
明年	míngnián	33
明天	míngtiān	32

N		
哪	nǎ	25
哪国人	nǎ guó rén	24
哪个	nǎge	25
哪里	nǎli	41
哪儿	nǎr	40
哪些	nǎxiē	25
那（代）	nà	25
那（接）	nà	28
那个	nàge	24
那里	nàli	41
那儿	nàr	40
那些	nàxiē	25
奶奶	nǎinai	15
男朋友	nánpéngyou	72
呢（～は？）	ne	24
呢（進行）	ne	84
能～	néng	68
你	nǐ	16
你好	nǐ hǎo	16
你看	nǐ kàn	28
你们	nǐmen	16
～年	nián	64
您	nín	17
牛奶	niúnǎi	88
女儿	nǚ'ér	44
女朋友	nǚpéngyou	72

P		
旁	páng	41
旁边	pángbiān	41
跑	pǎo	88
跑步	pǎobù	52
朋友	péngyou	24
～片	piàn	60
便宜	piányi	44
票	piào	60

漂亮	piàoliang	28
苹果	píngguǒ	20

Q		
七	qī	15
妻子	qīzi	48
骑	qí	52
起床	qǐchuáng	52
起来	qǐlai	76
气功	qìgōng	56
千	qiān	36
铅笔	qiānbǐ	84
钱	qián	60
前	qián	41
前边	qiánbian	41
前面	qiánmiàn	40
前年	qiánnián	33
前天	qiántiān	33
晴天	qíngtiān	84
请～	qǐng	52
去	qù	32
去年	qùnián	33
裙子	qúnzi	48

R		
让～	ràng	80
热	rè	72
热情	rèqíng	88
认识	rènshi	72
日本	Rìběn	16
日本人	Rìběnrén	16
如果～	rúguǒ	84

S		
三	sān	15
商店	shāngdiàn	52
上	shàng	41
上边	shàngbian	41
上课	shàngkè	76
上来	shànglai	77
上面	shàngmiàn	41
上去	shàngqu	77
上午	shàngwǔ	33

表紙・本文デザイン　　小熊未央
写真　　　　　　　　　Shutterstock

音声吹込　　　　　　　陳洲挙
　　　　　　　　　　　黄麗華

新HSKにチャレンジ！ 一年生の中国語

| 検印省略 | © 2023 年 1 月 31 日　第 1 版　発行 |

著　者　　　　　　　　　　　　　　　南勇

発行者　　　　　　　　　　　　小川　洋一郎
発行所　　　　　　　　　　株式会社 朝 日 出 版 社
　　　　　　　　〒 101-0065　東京都千代田区西神田 3-3-5
　　　　　　　　　　　　電話 (03) 3239-0271(直通)
　　　　　　　　　　　振替口座　東京　00140-2-46008
　　　　　　　　　　　　　　欧友社 / 図書印刷
　　　　　　　　　　　　http://www.asahipress.com
